ARMAND DAYOT
INSPECTEUR DES BEAUX-ARTS

LES VERNET

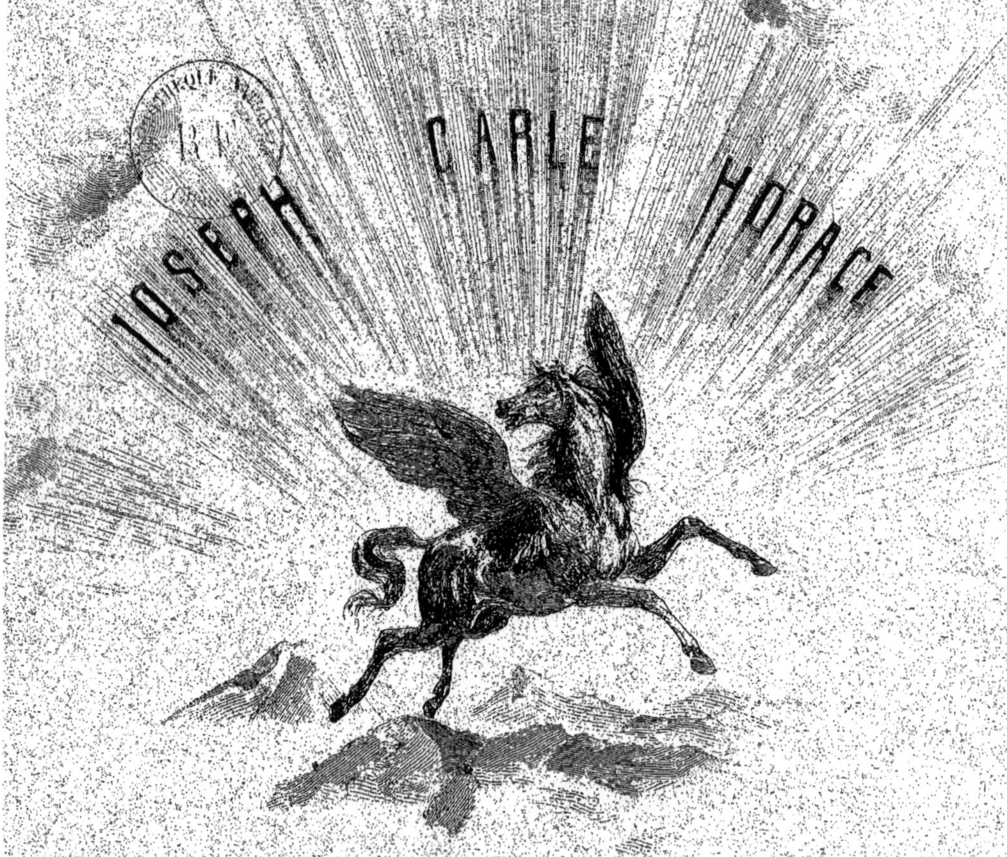

JOSEPH CARLE HORACE

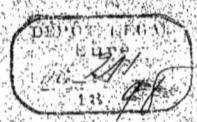

PARIS
ARMAND MAGNIER, ÉDITEUR
10, RUE DE CONDÉ, 10

1898

IL A ÉTÉ TIRÉ DE CET OUVRAGE

70 EXEMPLAIRES SUR PAPIER DES MANUFACTURES IMPÉRIALES DU JAPON

30 EXEMPLAIRES SUR PAPIER DE CHINE EXTRA FORT

LES VERNET

OUVRAGES DE M. ARMAND DAYOT

TABLEAUX ET STATUES (Jean Mériem). 1 vol. in-18.	3 fr. 50
CROQUIS DE VOYAGE (Espagne — Italie — Portugal). 1 vol. in-8° raisin.	7 fr. 50
LE SALON DE 1884. 1 vol. in-8° colombier.	60 fr. »
LES MÉDAILLÉS DU SALON DE 1886. 1 vol. grand in-4°.	60 fr. »
LES MAITRES DE LA CARICATURE FRANÇAISE AU XIX° SIÈCLE. 1 vol. in-8°.	6 fr. »
L'AVENTURE DE BRISCARD (Contes et Nouvelles). 1 vol. in-18 jésus	3 fr. 50
LES COURSES DE TAUREAUX EN ESPAGNE. 1 vol. in-8°.	10 fr. »
UN SIÈCLE D'ART. 1 vol. in-16 jésus.	20 fr. »
RAFFET ET SON ŒUVRE. 1 vol. in-8°	6 fr. »
CHARLET ET SON ŒUVRE. 1 vol. in-8°.	6 fr. »
LE SALON DE 1890. 1 vol. in-8° colombier	60 fr. »
LE SALON DE 1891. Id.	6 fr. »
LE SALON DE 1892. Id.	6 fr. »
1812 (d'après le journal illustré d'un témoin oculaire). 1 vol. in-8°.	15 fr. »
NAPOLÉON RACONTÉ PAR L'IMAGE (ouvrage couronné par l'Académie française). 1 vol. in-8°	25 fr. »
LA RÉVOLUTION FRANÇAISE (d'après les images et les documents du temps).	25 fr. »
LES JOURNÉES RÉVOLUTIONNAIRES, 1830-1848 (d'après les images et les documents du temps).	12 fr. »
LE LONG DES ROUTES (Récits et impressions). 1 vol. in-18 jésus	3 fr. 50

Pour paraître prochainement :

LA FIGURE DE LA FEMME DANS L'ART.

En préparation :

LA MADONE.
LES FERMIERS GÉNÉRAUX CHEZ EUX.

ÉVREUX, IMPRIMERIE DE CHARLES HÉRISSEY

ARMAND DAYOT

INSPECTEUR DES BEAUX-ARTS

LES VERNET

JOSEPH — CARLE — HORACE

PARIS
ARMAND MAGNIER, ÉDITEUR
10, RUE DE CONDÉ, 10

1898

Le Ponte Rotto
(Musée du Louvre. Gravure de M. Romagnol.)

AVANT-PROPOS

Ce livre paraîtra à l'heure même où un comité fort bien inspiré, réalise l'idée d'une exposition de l'œuvre des Vernet.

Cette heureuse circonstance donne à cet ouvrage, où l'auteur s'est efforcé de résumer de son mieux les aspects si divers du sujet, le double caractère d'un guide pratique, bien que d'un format un peu imposant, puis d'un document qui prolongera peut-être utilement, dans l'esprit du visiteur, le souvenir de l'intéressante manifestation artistique dont l'École des Beaux-Arts aura été le théâtre dans le courant du mois de mai de l'année 1898.

A l'heure où nous écrivons ces lignes, l'exposition des œuvres de Joseph, de Carle et d'Horace Vernet n'est pas encore ouverte, mais la faveur marquée avec laquelle l'opinion a accueilli la nouvelle de la constitution du comité chargé de l'organisation de cette véritable fête artistique, est une sûre garantie de succès.

AVANT-PROPOS

L'ARBRE FRANCHI
(Par Carle Vernet.)

Une impression générale de surprise a même répondu à cette bonne nouvelle lorsque le comité a manifesté son intention de consacrer une partie des recettes de l'Exposition à l'érection d'un monument aux trois artistes.

Eh quoi! à une époque où chaque carrefour a son grand homme de pierre ou de bronze, aucune figure commémorative ne rappelle les traits de Joseph, de Carle, d'Horace Vernet?

Comment! La ville d'Avignon elle-même, berceau de la famille Vernet, n'a pas su dresser l'image de marbre d'un de ses plus illustres enfants, du grand chef de la noble dynastie, de Joseph, sur les rives du beau fleuve qu'il a tant aimé et dont il a et si triomphalement célébré les bords pittoresques et les eaux limpides !...

En décidant que les trois figures auraient le même socle, et que le monument s'élèverait à l'ombre de ce Louvre, qui fut en quelque sorte la glorieuse demeure des Vernet, car Joseph

CROQUIS CARICATURAL DU GRAVEUR TARDIEU
(Par Horace Vernet, cabinet des estampes.)

y mourut, Carle y vécut et Horace y naquit, le comité a sagement agi.

Du même coup, un solennel hommage sera rendu aux trois grands artistes, au peintre inspiré de la mer et du ciel, au peintre spirituel des élégances sportives et mondaines de son temps, au peintre fidèle et fervent du soldat français et de nos gloires militaires...

Si leur talent s'est très diversement manifesté, il existe cependant entre leurs facultés natives de profondes et mystérieuses affinités, et jamais cœurs ne furent plus unis par des liens plus tendres.

Et vraiment, on se demande s'il faut regretter que la postérité ait mis si longtemps à glorifier individuellement les trois peintres, puisque c'est grâce à cet oubli, bientôt réparé, que les trois figures vont simultanément se dresser, en bonne place, comme un touchant symbole de la plus noble et de la plus intime union de l'esprit et du cœur.

Le sentiment qui a inspiré à quelques-uns l'idée d'élever un monument collectif aux Vernet, est le même que celui qui nous a dicté le plan de cet ouvrage, très modeste monument que nous nous sommes efforcé d'élever aussi, de nos faibles mains, à la mémoire des trois célèbres artistes.

A. D.

Avril 1898.

LA FILLE D'HORACE VERNET ENFANT
(D'après une sépia d'H. Vernet. Collection de M. André Delaroche-Vernet.

JOSEPH VERNET (d'après le portrait de Vanloo).

LES VERNET

JOSEPH

« Louis XV, nous raconte Chamfort, se fit peindre par La Tour. Le peintre, tout en travaillant, causait avec le roi qui paraissait le trouver bon. La Tour, encouragé et naturellement indiscret, poussa la témérité jusqu'à lui dire : « Au fait, sire, vous n'avez point de marine ! » Le roi répondit sèchement : « Que dites-vous là ? Et Vernet donc ! »

L'anecdote est piquante et dénote à la fois, chez le souverain, une singulière légèreté de cœur à la veille du traité de Paris, et une opinion très flatteuse, bien qu'étrangement formulée, de Joseph Vernet, son peintre de marine.

C'est d'ailleurs vers cette époque que Louis XV, heureusement conseillé cette fois par la Pompadour, donna l'ordre au marquis de Marigny, frère de la favorite, subitement élevé à la dignité de directeur et ordonnateur général des bâtiments du roi, de commander à Vernet cette belle suite des ports de France, qui est comme une suprême et mélancolique représentation de la puissance et de la richesse nationales de nos grandes villes maritimes, à la veille d'une complète ruine.

Joseph Vernet fut réellement le grand peintre de marine du xviiie siècle, et aujourd'hui encore, malgré le luxe, parfois excessif, de fantaisie pittoresque et architecturale, dans lequel il encadre son sujet préféré, on reconnaît volontiers que, depuis l'époque où il peignit la *Tempête* et le *Brouillard* dont la vue enthousiasmait si fort Hubert Robert, et dont l'apparition était saluée par les salonniers du temps en prose, en vers, et même en un latin très hyperbolique, rarement la sauvage et mystérieuse poésie de la mer fut exprimée avec une force plus vraie, avec un charme plus pénétrant.

Sans doute bien des inégalités existent dans l'œuvre de Joseph Vernet qui, pendant plus d'un demi-siècle, ne cessa de produire, libre parfois, surtout dans les premières années qui suivirent son départ d'Avignon, d'agir au gré de sa fantaisie, de fixer en toute franchise de pinceau ses

CLAIR DE LUNE SUR LA MER
(Musée du Louvre. Gravure de M. Romagnol.)

fraîches et lumineuses visions, puis trop souvent asservi, comme nous le verrons bientôt, à l'impitoyable tyrannie de commandes extravagantes, alors qu'il était devenu la victime d'une universelle célébrité.

Mais la fleur de cette œuvre est exquise, et c'est presque vouloir en diminuer l'éclat, si riche et si varié, que de persister conformément à une trop exclusive tradition à confiner Joseph Vernet, même à une place d'honneur, dans la phalange des grands peintres de marines, des Bonaventure Peters, des Thomas Jones, des Stanfield, des Backuysen, des van de Velde, etc. Il aimait d'un amour presque égal la mer, le ciel et l'huma-

nité, et parmi les prestigieux peintres maîtres de la figure au xviiie siècle, nul n'a mieux compris et plus spirituellement exprimé que lui la vérité des attitudes et des mouvements, la grâce des poses, les jeux des physionomies, la galante préciosité des manières et parfois même la tragique allure des désespérés.

Je ne connais pas d'images évoquant plus nettement la physionomie de la vie extérieure au siècle passé que ces superbes et fidèles gravures de Cochin et Lebas, d'après Vernet, et où, dans la blanche lumière du soleil, sur les larges quais de Toulon, de Marseille et de Bordeaux, grouille, peine, se pavane la foule oisive ou haletante. Chaque détail de costume, chaque expression, chaque mouvement, est l'effet définitif d'une observation profonde, de pénétrantes recherches d'art. Ici chaque unité a été l'objet d'une savante et consciencieuse analyse, et certes l'ensemble n'en souffre pas et résume admirablement la houleuse agitation des foules autour de groupements calmes et dominateurs.

GROUPE DE PÊCHEURS (détail).

C'est la peinture de la vie, de toute l'activité humaine, et on ne se demande pas ce qu'on doit admirer le plus de la solennelle majesté des décors ou de la vibrante intensité des détails.

D'ailleurs tout motif de nature n'a-t-il pas été, presque toujours, un prétexte pour Joseph Vernet, à camper des groupes dans un de ses cadres favoris : gentilshommes et nobles dames, pêcheurs aux silhouettes attentives, marchandes de poissons affairées, naufragés aux torses nus et aux muscles convulsés, turcs bedonnants et majestueux, esclaves grecques aux chevelures emperlées.....

Parfois au bord d'une claire rivière, à l'ombre de rochers cyclopéens découverts dans les cartons du Guaspre ou dans les toiles du Salvator Rosa, il nous montre de jeunes baigneuses, d'une divine beauté de formes, les unes nues comme des Vénus naissantes, d'autres prêtes à se diviniser en se libérant, avec des mouvements d'une grâce troublante, de la chemise

LA PÊCHE A L'ÉPERVIER

bourgeoise qui voile encore timidement une partie de leurs splendeurs callipygesques.

Et tout ce monde respire et s'agite sous la rayonnante clarté d'un ciel largement déployé où Vernet, ce grand peintre de l'universel mouvement, se plaît à faire évoluer comme sur ses océans, d'innombrables flottes, les flottes fantastiques des nuages.

S'il est vrai, comme on l'a dit, que Claude le Lorrain, en cherchant à décrire les triomphes du soleil et les lumineuses splendeurs du ciel, a rencontré la mer et en a fait le mirage profond et rayonnant des splendeurs célestes, Vernet lui, a découvert le ciel, en peignant la mer, et avec un égal amour il a exploré les profondeurs, parcouru les espaces, et décrit la joie, la mélancolie et les colères des deux immensités.

LE ROCHER PERCÉ

Joseph Vernet naquit à Avignon le 11 août 1714. Il était fils d'Antoine Vernet, habile peintre de fleurs et d'oiseaux dont l'art spécial déjà très en vogue au commencement du xviiie siècle consistait surtout à orner des chaises à porteurs, « qu'il décorait aussi parfois de scènes champêtres et de mascarades ».

« La nature, nous apprend Léon Lagrange, l'historien si renseigné de ce dernier, s'était montrée d'une exceptionnelle libéralité à l'égard d'Antoine Vernet en lui apportant chaque année un nouveau rejeton. Si bien qu'après trente ans de mariage il était père de vingt-deux enfants. Joseph fut le second de la famille et l'aîné des mâles. M. Léon Lagrange, à qui nous empruntons les plus intéressants détails biographiques des premières années laborieuses de Joseph Vernet, nous le montre commençant, à l'âge de cinq ans, à dessiner la tête, dans l'atelier de son père, puis à huit ans recevant, comme cadeau d'étrennes, une palette et un chevalet, et dès l'âge de quinze ans peignant, en collaboration avec son père, des chaises à porteur, des carrosses, voire même des dessus de porte et des trumeaux ; travaux décoratifs, dont il partageait à la fois avec l'auteur de ses jours, son premier maître, l'honneur et le profit. »

Bientôt même, nous dit le biographe, des fruits peints par Joseph lui valurent de la part d'un cardinal (?), dont il décorait la salle à manger, les plus vifs éloges, tandis qu'on regardait à peine l'ouvrage d'Antoine.

Mais le génie naissant de Joseph Vernet qui, dans quelques années devait se manifester subitement, avec un éclat si rare, au bord du Tibre et dans la campagne de Rome, souffrait visiblement de cette collaboration trop étroite, de ces efforts communs dans un genre qui n'était pas le sien. Il rêvait déjà de modèles autrement vastes que ceux qui étaient imposés à sa précoce habileté par la douce autorité paternelle, et c'était dans de larges et profonds paysages baignés par le Rhône et la Durance, inondés d'une brillante lumière, ornés de cyprès, de pins, de chênes verts, d'imposantes ruines... qu'il projetait de donner un libre essor aux oiseaux que son pinceau emprisonnait dans le cadre minuscule des écussons, et de faire s'épanouir les fleurs que les exigences de son métier de décorateur l'obligeaient à fixer le long des montants et des frises des chaises à porteur.

Aussi, en attendant l'heure de pouvoir réaliser son rêve, le jeune peintre aimait-il, aux instants de loisir, à s'égarer dans cette campagne si riante et si belle du pays d'Avignon, à errer mélancoliquement le long des rivières peuplées d'îles et bordées d'arbres, qui l'arrosent, à s'asseoir aux pieds des collines rocailleuses couronnées de fabriques rustiques et de châteaux écroulés, emplissant ses yeux de la lumineuse majesté du pays natal dont son âme d'artiste gardera une éternelle impression.

Un jour même, le diable le tentant, il acheta une toile, et se mit à y peindre un paysage. Le cardinal, le mystérieux cardinal, le vit à l'œuvre, admira le travail, acheta le tableau « et fit promettre au père de cultiver par une bonne éducation les talents naissants de son fils ».

Pêcheur a la ligne.

Antoine Vernet comprit qu'il ne pouvait persister à vouloir faire de son élève un simple décorateur, et à contrarier plus longtemps ses tendances naturelles, sans s'exposer à détruire dans sa fleur un génie précoce, et plein de brillantes promesses.

Il fut décidé que Joseph Vernet se rendrait à Aix et qu'il étudierait « le grand art » dans l'atelier du vieil ami de son père, Jacques Viali, peintre décorateur comme Antoine Vernet, mais qui cependant de temps à autre se plaisait à brosser, *de chic*, un port de mer ou un coucher de soleil.

Ce fut en 1732, pendant son séjour à Aix, que Joseph Vernet put exécuter, grâce à la protection de son compatriote le marquis de Caumont, le premier travail important de sa vie.

Notre artiste avait alors dix-huit ans.

Sur la recommandation du marquis de Caumont, Mme la marquise de Simiane, petite-fille de Mme de Sévigné, le chargea de la décoration des dessus de porte de son hôtel.

Lors de la livraison de la commande, elle écrivait au marquis de Caumont : « M. Vernet est content et moy beaucoup de luy. Les dessus de porte sont admirables, j'en ay pris douze... »

JOSEPH VERNET (d'après un crayon original de Latour).
(Collection de M. André Delaroche-Vernet.)

Au début de sa carrière artistique, qui devait être si longue et si brillante, Joseph Vernet eut dans la noblesse avignonnaise deux puissants protecteurs. D'abord le marquis de Caumont qui, comme nous venons de le voir, lui fournit, pendant son séjour à Aix, l'occasion d'affirmer les rares qualités de son jeune talent dans l'exécution d'une œuvre d'une réelle importance ; puis le comte de Quinson, dont l'affection paternelle pour le jeune artiste se manifesta en toutes circonstances, et grâce à l'influence duquel il put, bien que n'ayant pas concouru aux grands prix de l'Académie, se rendre en Italie où il devait recueillir de si précieux enseignements, rencontrer de si nobles sujets d'inspiration, peindre tant de chefs-d'œuvre.

C'est au milieu de l'année 1734 que Joseph Vernet partit pour l'Italie, riche d'un petit pécule, dû à la générosité de ses deux protecteurs.

Les Baigneuses (détail).

Antoine Vernet contribua aussi à la formation de la caisse de voyage en y versant ses économies, 200 livres, dit-on.

Notre artiste avait alors près de vingt ans.

En arrivant sur les hauteurs qui dominent Marseille et d'où la vue s'étend sur la mer bleue, sur la mer sans limites, Vernet s'enthousiasma, paraît-il, jusqu'au délire.

GROUPE DE PERSONNAGES (détail).

« Vite un crayon ! Et le voilà qu'il dessine. Le voiturier l'appelle, les voyageurs s'impatientent, il faut repartir, le jour tombe. Il n'entend rien, tout entier au plaisir de ses yeux, il s'enivre de la nature — on le presse. « Et ! « laissez-moi, je vous rejoin- « drai en route. » La nuit seule, en lui dérobant la vue du paysage, l'obligea à quitter la place. Harassé, affamé, couvert de poussière, c'est à l'auberge seulement qu'il rejoignit le coche, arrivé depuis plusieurs heures[1]. »

La traversée de Marseille fut des plus mouvementée et initia le peintre à l'émotion des tempêtes dont il devait si souvent exprimer la tragique beauté !

L'amour de Vernet pour la mer s'y manifesta sous une forme héroïque. D'ailleurs son intrépide attitude au milieu des flots déchaînés a été popularisée par la peinture, par l'estampe, et même par la chanson des poètes.

Voici l'émouvant récit que nous fait de ce premier voyage en mer le biographe si bien renseigné du peintre :

« Il vogue vers l'Italie, écrit M. Lagrange, et, debout à l'avant du navire, il ne peut rassasier ses yeux du spectacle de la mer..... mais bientôt la houle se creuse, et l'œil étonné du voyageur voit des abîmes s'ouvrir devant lui. Une teinte plombée se répand sur la surface de la mer.

---

[1] Léon Lagrange.

Le flot devient sombre et menaçant, un vent violent le fouette au visage. Les passagers désertent le pont un à un. Le capitaine hoche la tête. Les matelots se préparent, le grain s'avance. Mais Vernet ne peut s'arracher à l'impression multiple qui transforme son âme. Il s'accroche au bordage pour défier le roulis. Enfin voici le grain : des nuages noirs voilent le soleil, un demi-jour sinistre éclaire seul le ciel, partout, comme à un signal

VUE DU LEVANT

donné, la mer irritée se lève, les lames bondissantes se jettent contre les flancs du navire puis montent en murailles le long de ses murailles, puis elles passent par-dessus le bord, balayant tout sur leur passage. Qu'est devenu le jeune peintre.

L'œil grand ouvert, l'âme saisie, il regarde, il comprend, il commence à lire en lui-même. Autour de lui tout tremble. Le vent mugit, les cordages sifflent, les mâts gémissent, des voix lamentables semblent sortir du bâtiment, et celui-ci, ballotté dans l'espace, n'est plus qu'un hochet pour cette mer en délire. La place n'est plus tenable, le pont se dérobe sous les pas.

Que fait alors Vernet?

Comme le capitaine qui ne veut pas cesser de commander la manœuvre, lui aussi se croit à un poste d'honneur, il se fait lier au mât du navire, et, le front haut, il continue de dominer les éléments qui l'assiègent.

« Quelle est belle cette ivresse du génie ! L'artiste se révèle à lui-même, et recevant avec joie les terribles caresses de la mer, de ce baptême des vagues en fureur, il sort peintre de marine. »

Il est peu d'artistes dont la vie ait été racontée avec un plus grand luxe de détails que celle de Joseph Vernet. Et cela vient de ce que ce dernier, dès ses débuts dans la carrière de peintre, eut l'heureuse idée d'écrire ces *Livres de raison*, document autobiographique du plus grand intérêt, et dans l'attachante lecture duquel Vernet nous apparaît tout entier, à travers les luttes et les incertitudes de ses débuts, les triomphes de son âge mûr, les défaillances de sa vieillesse.

On y lit aussi non seulement son histoire, mais celle de la plupart de ses contemporains. « Comme sur les verres d'une lanterne magique, on voit défiler dans ces pages, procession brillante et non interrompue, les bourgeois et les princes, les grandes dames et les petits abbés, les cardinaux et les marquises, les ducs et les financiers, les amateurs et les marchands, les lords anglais, les barons allemands, les seigneurs russes et suédois, les rois même et les empereurs; en un mot, tout ce qui, dans ce XVIIIe siècle si éclairé et si frivole, a aimé ou feint d'aimer les productions de l'art et a su les payer à leur prix [1]. »

C'est une année après son arrivée à Rome, c'est-à-dire en 1735, que Joseph Vernet commença la rédaction de ces *Livres de raison*, qui, sans lacunes appréciables, devait se continuer jusqu'en 1788, un an avant sa mort.

M. Léon Lagrange nous apprend, et nous le croyons sans peine, que la reproduction textuelle et complète des *Livres de raison* était chose impossible et qu'il fut dans la nécessité de soumettre à un remaniement général ce chaos de faits disparates. Il en est résulté trois séries distinctes de documents que l'auteur de *Joseph Vernet et la peinture au XVIIIe siècle* a classé sous les titres généraux de *Livre de vérité*, *Journal* et *Adresses*.

---

[1] Léon Lagrange.

« Le *Livre de vérité*, c'est l'état chronologique des travaux de Joseph Vernet, dressé de sa propre main.

« Le *Journal*, c'est sa vie racontée par lui-même.

« Les *Adresses*, c'est le monde au milieu duquel il a vécu. »

Les dimensions de notre cadre d'étude nous interdisent la reproduction intégrale de ces curieux documents, mais nous ne saurions trop en recom-

LE MIDI (l'approche de l'orage).

mander la lecture à qui désire connaître dans tous ses pittoresques détails la vie d'un grand artiste dont toutes les heures de l'existence furent pour ainsi dire mêlées au mouvement artistique et mondain de la deuxième moitié du xviiie siècle.

Sans doute tout n'est pas d'un égal intérêt dans cette pièce documentaire où l'esprit si étrangement méticuleux de Joseph Vernet apparaît à chaque page.

C'est ainsi, par exemple, qu'il importe assez peu à l'historien d'art d'apprendre que le 20 octobre 1753, à Marseille, le perruquier a com-

LES BAIGNEUSES.

(Gravure de M. Romagnol, d'après la peinture originale. Musée du Louvre.)

mencé « de raser le beau-père du peintre, et que sa femme ayant accouché le 20 juillet 1760 est restée quarante jours sans se faire *accommoder* par M. Desproux ».

Mais aussi, que de renseignements précieux à recueillir dans le *Livre de vérité*, où sont indiqués les commandes et les reçus correspondants, où sont

CLAIR DE LUNE SUR LA MER

mentionnés les salons qui virent les tableaux et les ventes par lesquelles ils passèrent.

Que ne possédons-nous les *Livres de raison* de tous nos grands peintres ! Il serait dès lors résolu le problème de l'établissement, si désirable, de l'état civil des œuvres d'art.

Mais, il faut bien le reconnaître, très rares sont les artistes qui, comme Joseph Vernet, se tiennent dans un si parfait équilibre entre le songe et la réalité et savent descendre des profondeurs du ciel, ou échapper aux enivrantes douceurs des Arcadies rêvées, pour se livrer à des notations dans le genre de celles-ci : « Donné étrennes au portier... Acheter pour ma femme mantelet, coiffe, collier... Faire accommoder mes bas. Acheter des bougies, des jarretières, un ruban pour le bonnet. Pauser les sonnettes. Voir si les cheminées fument. Vendre bouteilles, matellats, armoire, lit et berceau. Acheté saucisses et gâteaux de sève... Payé à M. Drouot agrégé du droit pour mon fils 159 livres, et 18 livres pour des frais qu'il avait faits pour sa thèse, plus un cayer de droit français 12 livres, etc., etc.[1]. »

Nous avons laissé notre jeune artiste à Rome. Courons l'y rejoindre.

*
* *

Débarqué en Italie vers le milieu de l'année 1734, après ce terrible baptême des vagues dont nous avons parlé, Vernet y séjourna plus de dix-sept ans, et ce fut seulement à la fin de l'année 1751 que celui que les salonniers parisiens appelaient M. Vernet de Rome rentra en France.

Parti seul, il revenait au pays natal, accompagné d'une jeune et charmante femme, *la signora* Virginia Parker[2], fille du capitaine irlandais Parker, qui commandait à cette époque l'escadrille pontificale, et de deux fils Livia et Orazio.

Dès son arrivée à Rome, Joseph Vernet, obéissant au programme d'étude assigné à son talent par ses nobles et généreux protecteurs qui ne comprenaient guère qu'un jeune peintre envoyé dans la ville éternelle pour se perfectionner dans son art pût rechercher d'autres leçons que celles des maîtres académiques et s'inspirer d'autres sujets que de ceux de l'histoire, s'appliqua d'abord très consciencieusement, avec une ferveur toute classique, à peindre la figure humaine, promenant son calepin à travers les galeries du Vatican, du Capitole et des palais romains. A la Farnésine, il exécuta même une remarquable copie de *la Flore*. Et c'est, sans doute dans ces études, qu'il apprit l'art de dessiner avec une précision que jamais

---

[1] *Livres de raison* (journal).
[2] Vanloo en a fait un excellent portrait qui est la propriété de la famille Delaroche-Vernet.

ne connut un peintre de paysage, les personnages dont il allait bientôt peupler ses quais, ses campagnes et ses ruines.

Mais, en supposant même qu'en sortant de l'atelier de Jacques Viali, Vernet eût senti naître en lui la noble ambition de devenir grand peintre d'histoire, l'émule de Subleyras dont les pompeuses compositions obtenaient

MER CALME

alors un si grand succès à Rome et à Paris, bien vite ses intentions se modifièrent au spectacle de la mer rayonnante, soudainement apparue du haut des collines qui dominent Marseille, puis vue dans sa plus tragique beauté, soulevée par la tempête, flagellée par les vents et hurlant de tous ses flots autour du vaisseau qui le portait, lui et sa fortune.

Du même coup, il comprit la grandeur du sujet que son rêve allait désormais, pendant de si longues années, caresser avec un persistant amour.

Il vit dans la peinture de la mer autre chose qu'un motif gracieux de décoration, et le souvenir poignant du vaisseau en détresse, des flancs duquel s'échappaient des cris de terreur et de désespoir lui apprit qu'un genre d'art où la représentation du drame humain aurait pour cadre l'immensité du ciel et l'infini des flots, pouvait facilement s'élever à la dignité de la peinture d'histoire.

Aussi, à peine débarqué à Rome, il se mit à la recherche d'un peintre de marine qui put lui enseigner la grammaire du genre spécial qu'il allait bientôt illustrer avec tant d'éclat.

Il trouva le vieux Bernardino Fergioni, dont les œuvres sont aujourd'hui bien oubliées, mais dont les conseils étaient excellents et qui initia son jeune élève à tous les mystères de son art si compliqué. En quelques mois il le familiarisa avec la technique du métier, lui enseignant l'*anatomie* du navire, lui expliquant le rôle de chacun des agrès, le jeu des voiles, les mouvements de marche, la manière d'exprimer les divers aspects de la mer...

De l'atelier de Fergioni, Vernet passa dans celui d'Adrien Manglard, autre peintre de marine né à Lyon, et qui après y avoir reçu les leçons de Van der Cabel, était venu s'établir à Rome où son succès était grand. De Fergioni, Vernet avait appris l'A, B, C, du métier. Manglard, plus peintre, plus artiste, corrigea très heureusement les lourdeurs du pinceau, la sécheresse de dessin, contractées dans l'atelier du vieux praticien. Son influence sur le talent de Vernet semble avoir été des plus heureuses.

Malgré nos minutieuses recherches, nous n'avons pu savoir exactement pendant combien de temps Joseph Vernet suivit les leçons d'Adrien Manglard, mais il est certain que lorsqu'il quitta l'atelier de ce dernier artiste où il ne dut demeurer que quelques mois, il était en pleine possession de ses moyens d'expression et à la veille de signer ses plus purs chefs-d'œuvre. Car, il faut bien le reconnaître, ce fut pendant ses premières années d'Italie, avant les commandes sans nombre, avant les retentissants succès parisiens, avant les éloges dithyrambiques de l'abbé Leblanc et du *Mercure de France*, même avant la visite providentielle du marquis de Marigny à son atelier de Rome que, sans nul souci de la mode, avec toute la fraîcheur de sa jeunesse, avec toute l'émotion de son cœur, il peignit ces tableautins charmants, dont quelques trop rares spécimens, comme le *Château Saint-Ange*, le *Ponte Rotto*, le *Clair de lune*... figurent au musée du Louvre et dont l'ensemble suffirait à lui faire une place d'honneur parmi les plus grands maîtres du paysage.

J'imagine qu'une exposition d'art où l'on ne verrait que des œuvres de Vernet exécutées entre les années 1735 et 1751, œuvres de la première manière, écloses sous le pinceau du jeune maître pendant son séjour en Italie, obtiendrait aujourd'hui même un retentissant succès.

Mais quelle main providentielle pourra jamais rassembler pour la joie de nos yeux ces petits chefs-d'œuvre vaguement catalogués sous ces titres divers : *Vue d'Albano*, *Paysage de Lariccia*, la *Chasse aux Canards*, le *Lac de Némi*, la *Villa Ludovisi*, le *Matin* et le *Soir*, le *Port de Civita-Vecchia*, *Sorrente*, le *Lac Lucrin*, *Pouzzoles*, la *Route d'Amalfi* et ces *Vues de Tivoli*, dont l'une vendue par Vernet, nous apprend Diderot « pour un habit, veste et culotte », passa ensuite dans la collection de M. de Julienne, qui l'acheta 2.650 livres.

Toutes ces toiles charmantes n'ont pas heureusement subi le triste sort du fameux *Port de mer au soleil*, une des œuvres capitales de Vernet, qui périt avec le château de Saint-Cloud, mais leur dispersion dans tous les musées du monde en rend très problématique une exposition d'ensemble où l'œil du visiteur eût été vivement frappé par l'accent instinctivement révolutionnaire de l'art du jeune peintre par le souffle de réaction qui l'anime contre les doctrines et les formes du passé.

Joseph Vernet, surtout dans ses œuvres premières, fut sinon un initiateur, du moins un précurseur. Son influence sur le mouvement qui s'opère dans le paysage depuis 1830 est indéniable. Sans doute dans les vues d'Italie l'amoureuse recherche du naturel s'unit encore parfois à de traditionnelles formules, mais malgré cela, une pénétrante impression de vérité s'en dégage, et telles de ses œuvres, comme le *Ponte Rotto*, le *Château Saint-Ange*, le *Port de Civita-Vecchia*, semblent animées d'un esprit tout moderne, et l'on se prend à songer à Corot en contemplant ces jolies toiles, d'une exécution à la fois si fine et si savoureuse, si délicate et si forte, et où toutes choses vivent si réellement au milieu des reflets et des ombres dans le miroir limpide des eaux et sous la clarté vibrante et argentée du ciel[1].

Nous voici bien loin des Courtois et des Parrocel, voire même des Bidault

---

[1] Corot qui devait d'ailleurs, près d'un siècle plus tard, suivre pas à pas pour ainsi dire la route lumineuse de Joseph Vernet à travers l'Italie et s'arrêter comme en pèlerinage à chacune des haltes artistiques du grand peintre, avait pour le talent de ce dernier une profonde admiration. Nous connaissons de lui plusieurs curieuses copies d'après les toiles de J. Vernet.

et des Aligny, suprêmes et héroïques défenseurs d'un art que seuls pouvaient animer l'éblouissante fantaisie du Lorrain et le grand rêve mélancolique de Nicolas Poussin.

Avant de gagner Paris où l'attendaient la fortune et les honneurs, Vernet séjourna une année à Marseille.

Quelques fervents admirateurs, les Poulhariez, les Guis, les Taurel..., tous riches négociants et amateurs d'art, y guettaient son passage et lui firent d'importantes commandes dont ils demandèrent l'exécution sur place.

Ce que voulaient en effet ces excellents Marseillais, c'étaient de *pathétiques* représentations de leur port, de lumineuses apothéoses de leurs flottes chargées de richesses, des images terrifiantes de cyclones où leurs navires bondissaient au milieu des vagues monstrueuses sous un ciel noir déchiré par le zigzag des éclairs.

Afin d'ajouter encore à l'émotion du sujet l'un de ces honorables commerçants, un certain M. Bourlat, exigea même de l'artiste qu'il plaçât au centre de la composition, comme un point lumineux « une figure qui fût le portrait de Mme Bourlat, son épouse ».

LES PÊCHEURS ITALIENS

On ne saurait vraiment féliciter Vernet d'avoir asservi son talent aux exigences parfois ridicules de ces Mécènes de la pacotille, mais il fallait, paraît-il, songer aux frais du voyage à Paris et aux lourdes charges qui résulteraient de l'installation définitive de toute la famille dans la capitale. Or, ainsi que l'attestent les *Livres de raison*, Joseph Vernet possédait au même degré, phénomène assez rare chez les artistes, le don de l'imagination et du rêve et un sens très pratique de la vie.

Parmi les nombreuses toiles que Vernet exécuta lors de son séjour à Marseille (1751 et 1752), il en est deux cependant qui compteront parmi ses meilleures, et où l'on rencontre l'exécution libre et savoureuse des peintures d'Italie. Ce sont la *Tempête* et les *Baigneuses*, qui lui furent commandées par M. Poulhariez et dont Bachelou a fait deux superbes gravures.

Nous voici à l'une des dates culminantes de la vie de l'artiste. Le salon de 1753 va s'ouvrir. Vernet, déjà agréé de l'académie de peinture et de sculpture depuis le 6 août 1745, rêve de se faire recevoir sans retard de ce corps illustre, et il veut y entrer avec éclat. Aussi, après s'être assuré par avance avec beaucoup d'habileté (voir

LA PÊCHE AU CLAIR DE LA LUNE

dans son *Journal*) le concours de puissantes amitiés parisiennes, il compose au salon un merveilleux panneau de douze toiles, choisies parmi ses meilleures, et toutes groupées autour du *Fameux soleil couchant sur un port*, tableau de 4 pieds de large sur 3 et demi de haut, œuvre de premier ordre qui a malheureusement péri en 1870 dans l'incendie du château de Saint-Cloud [1]. « Autour du morceau de réception, nous dit M. Lagrange,

---

[1] La partie de ce palais où se trouvaient les appartements de l'impératrice comprenait une vaste pièce appelée *salon des Vernet*, et qui était presque entièrement composée de toiles signées de Joseph Vernet. On n'en comptait pas moins de huit :
La *Nuit sur terre*, le *Coup de vent*, le *Soir*, la *Tempête*, le *Matin*, le *Soir à la mer*, le *Matin sur*

se groupaient cinq tableaux du cabinet Peichon et six du cabinet de Villette. Tempête, brouillard, soleil levant et couchant, port de mer, cascades, paysage à la Salvator Rosa, parties de plaisir sur le bord de la mer, rien n'y manquait. Le salon de 1753 est le premier où ce talent flexible se montra dans toute sa richesse et dans toute sa variété. Aussi la critique

La tempête

fut à peu près unanime. Tout ce qui prit la plume pour célébrer cette exposition, une des plus belles que l'on eût encore vues, exprima en termes chaleureux son enthousiasme.

mer, la *Nuit*, ces huit tableaux furent peints en 1766 pour décorer le château de la Ferté-Vidame qui appartenait à M. Joseph de la Borde. Dans une lettre à Falconnet, Diderot se plaint de ce que M. de la Borde accapare Vernet : « Il ne faut rien attendre de Vernet; il est très occupé et il doit en reconnaissance tout son temps à M. de la Borde qui lui paye la vente du prix de ses tableaux d'avance. »

Du château de la Ferté-Vidame ces toiles passèrent, en 1784, à Méréville, autre terre de M. de la Borde. Ils y demeurèrent jusqu'en 1819, époque à laquelle la terre de Méréville fut vendue à M. Vers. En 1824, ce dernier vendit au roi les huit toiles de Vernet, pour 32.000 francs. Ils furent placés au palais de Saint-Cloud.

On compara Joseph Vernet à Poussin, on le compara à Claude le Lorrain ; quelques-uns même décidèrent qu'il surpassait ce dernier.

Un plumitif du nom d'Estève, ayant hasardé une observation timide, se vit relever de la belle manière par le fougueux Joubert, auteur de la *Lettre à un amateur*. De toutes ces critiques, celle de l'abbé Leblanc dut être la plus douce au cœur de Joseph Vernet.

Non seulement l'abbé le louait en français et en latin, ce qui ne gâte rien ; mais, après avoir fait ressortir les qualités du grand tableau présenté à l'académie, la finesse et la correction des figures, l'intelligente distribution de la lumière, la chaleur, la vérité de ce morceau véritablement digne d'un grand maître, il ajoutait : « En enlevant cet illustre artiste à l'académie de Rome, M. de Vandières (marquis de Marigny) a

Groupe de pêcheurs (détail).

travaillé à la gloire de celle de Paris ; il s'était rendu, par la haute célébrité qu'il a dans toute l'Europe, digne des bienfaits du roi, qui l'attachent désormais à la France. »

C'était une invite non déguisée à la commande officielle.

Le marquis de Marigny y répondit en confiant à Vernet, avec l'agrément du roi, fort heureusement conseillé en cette occasion par la Pompadour, la mission de représenter les principaux ports de mer du royaume.

Tout un programme d'exécution, rédigé sans doute par une main très au courant de la situation de chaque port, fut imposé à l'artiste qui d'ailleurs eut souvent le courage et le bon goût de ne pas le suivre à la lettre. Ce programme était accompagné d'une sorte de feuille de route, curieux document administratif catalogué dans le tome IV des *Archives de l'art français*, sous ce titre : « Projet d'itinéraire pour M. Vernet, peintre du roy pour les marines. »

Les sujets choisis furent : Marseille, Toulon, Antibes, Cette, Bordeaux, Bayonne, La Rochelle, Rochefort, Lorient, Brest, Saint-Malo, Le Havre, Dieppe, Calais.

Certains de ces ports, Marseille, Toulon, Bordeaux, Lorient, Brest, devaient être représentés sous divers aspects, ce qui fixait au chiffre de vingt les toiles à exécuter.

Mais d'impérieux motifs, parmi lesquels il faut compter le blocus étroit des ports de Lorient, de Brest, de Saint-Malo, par les flottes anglaises et l'absence absolue des vaisseaux du roi dans ces ports désertés, modifièrent le programme et réduisirent la lourde tâche de l'artiste.

Voici la liste des sujets formant la suite complète des ports de mer de Vernet :

Marseille (deux vues), Toulon (deux vues), Antibes, Cette, Bordeaux (deux vues), Bayonne, La Rochelle, Rochefort, Dieppe.

L'ensemble de cette œuvre considérable qui fut accomplie en dix ans, de 1753 à 1763, est du plus grand intérêt, malgré que l'artiste, obsédé, peut-être, par les conseillers officiels, et obéissant alors visiblement à un sentiment de lassitude, presque voisin de l'irritation, laissait parfois courir trop négligemment son pinceau à travers les détails d'un sujet à peine entrevu.

Si le profond respect du ton local apparaît dans les vues de Toulon, de Marseille et d'Antibes, enveloppées de la chaude et brillante lumière provençale, dont l'âme du peintre était elle-même comme imprégnée, il n'en est plus ainsi dans la plupart des autres toiles, souvent exécutées hors de la présence directe du sujet et d'après des esquisses très sommaires, quelquefois même de légers croquis à peine soutenus d'encre de Chine.

Le port de Dieppe, le moins bien réussi d'ailleurs de la série, fut peint tout entier à Paris, dans l'atelier du Louvre, d'après quelques détails saisis au vol.

C'est à cette date qu'eut lieu entre le peintre et le Directeur général des beaux-arts, auquel il est impossible en la circonstance de ne pas donner raison, ce très significatif échange de lettres :

« Il me semble, écrit Vernet au marquis de Marigny, qu'après avoir fait toutes les études nécessaires pour le port de Cette, surtout si je le prends du côté de la mer, qu'il serait assez inutile de m'établir dans cette méchante ville, où je serais mal à mon aise pour y peindre ce tableau, et si je vois que la chose n'exige pas ma résidence sur le lieu, je pourrais l'aller exécuter à

Bordeaux, où je trouverais plus de secours pour les parties accessoires qui doivent orner le tableau de Cette... »

Et le marquis de Marigny de répondre, non sans humeur : « Quelque envie que j'aye de vous procurer dans vos travaux tous les agréments possibles, je ne puis consentir au désir que vous avés, après vos études faites de ce port, de finir votre tableau à Bordeaux, et je crois devoir vous faire observer que le roy paye vos tableaux, de façon à exiger que vous leur donniés toute la perfection possible, et que vous ne sauriez mieux les finir que sur les lieux. Ainsi je compte que vous achéverez votre tableau de port de Cette à Cette même, d'autant que de tous les ports du royaume, c'est le seul dont le séjour ne soit pas agréable, et vous n'aurés que quelques mois à vous priver des commodités que vous n'y trouverés pas. »

L'AGRÉABLE SOCIÉTÉ
(Détail du port de Marseille d'après la gravure de Le Bas.)

Vernet, bien à contre-cœur sans doute, dut séjourner à Cette, dont il fit, d'un large pinceau, qu'une colère intérieure semblait diriger, une représentation terriblement orageuse. Ne dirait-on pas que la mer, sortie furieuse de ses abîmes, va se ruer sur la « méchante ville », et l'anéantir à jamais.....

A la Rochelle Vernet eut cependant une inspiration géniale et la représentation de ce port compte, non seulement parmi les meilleures œuvres du peintre, mais encore parmi les toiles les plus remarquables de notre école paysagiste.

Parlant de cette œuvre, dont toute la critique salua avec enthousiasme l'apparition, l'hyperbolique Diderot s'écrie : « Voilà ce qu'on peut appeler un ciel ; voilà des eaux transparentes ; et tous ces groupes ce sont autant de tableaux vrais et caractéristiques du local... Regardez le port de la Rochelle avec une lunette qui embrasse le champ du tableau et qui exclue la bordure, et, oubliant tout à coup que vous examinez un morceau de peinture, vous vous écrirez, comme si vous étiez placé au haut d'une montagne, spectateur de la nature même : Ah ! le beau point de vue. »

Aujourd'hui encore, malgré certains fâcheux détails comme les arbres du quai, d'une exécution trop conventionnelle, le *Port de la Rochelle* de Vernet, dans son harmonie à la fois vibrante et douce, vit d'une vie éternelle à côté du *Port de la Rochelle* de Corot. Quelle enivrante poésie de l'atmosphère, du ciel et des eaux dans ces deux merveilleuses toiles où le peintre du xviiie siècle a décrit avec un art infini la mort lente et comme triomphale du soleil, et où le grand maître de l'école paysagiste moderne a exprimé avec une émotion si tendre le timide rayonnement de l'astre naissant à travers les brumes argentées du matin !

La vue de ces toiles où se trouve répandu le génie des deux grands artistes suggère forcément un rapprochement entre elles. Et cependant quelle dissemblance entre la facture nette et précise de l'une et le dessin vaguement estompé de l'autre. Chaque détail semble vouloir les différencier. Dans l'une les eaux dorment sous le calme du ciel, dans l'autre l'onde frissonne sous le vol des nuages. Ici, sur les quais silencieux et déserts quelques figures isolées s'ébauchent à peine ; là des groupes aux individualités très décrites et d'une spirituelle et joyeuse allure, s'agitent bruyamment. Vernet nous montre la Vie et Corot le Rêve.

Néanmoins la double vision de ces deux toiles persiste dans une sorte de confusion harmonieuse de tons d'or et d'argent, au fond de l'âme de ceux qui ont eu la joie de les admirer. Pour qui désirerait se créer la tâche assez facile de définir les profondes affinités qui relient entre eux l'art de Vernet et celui de Corot, l'examen de ces deux toiles célèbres s'impose, car, malgré le contraste frappant de leur aspect général et aussi de chacun de leurs détails, elles apparaissent dans la succession des peintures historiques comme deux miroirs aussi mystérieux que profonds où les talents fraternels de deux grands artistes resplendissent de leur éclat le plus pur. C'est chez l'ancêtre, chez le précurseur, chez le contemporain des Oudry et des Lantara, la même délicatesse de touche, la même souplesse d'exécution, le même souci de rendre la fluidité des eaux, la légèreté flottante des ombres, les demi-teintes grises des terrains, la transparence du ciel, que chez le

LES PLAISIRS DE L'ÉTÉ

grand peintre moderne, fidèle et divin interprète de la vérité de la nature.

Dans cette belle peinture du port de la Rochelle on retrouve toutes les qualités du peintre des bords du Tibre, des vues de la campagne romaine et du golfe de Naples.

C'est un retour heureux vers la première manière toute de franchise et de sincérité.

Grâce aux superbes gravures de Cochin et de Le Bas, la suite des *Ports de France* est la partie la plus universellement connue de l'œuvre de Vernet; mais, en dépit de leurs remarquables qualités de composition, ces toiles, sauf celles qui représentent les ports de Marseille, de Toulon, de Bordeaux et de la Rochelle sont de médiocres peintures.

Elles valent surtout par leur exactitude panoramique et par le dessin spirituel des innombrables personnages qui les animent.

Il y aurait tout un livre à écrire sur l'odyssée des ports de France, depuis le départ pour Marseille jusqu'à l'exécution du port de Dieppe dans l'atelier de Paris.

Que de pittoresques aventures sur les grandes routes de France, pendant ces dix années de vie errante!

La lecture des *Livres de raison* nous permet de suivre presque pas à pas les voyageurs. Il ne fallait pas moins de trois chaises de poste pour contenir tout le monde : Vernet et sa femme, Livia, Orazio, Emilie et Carle[1], le père de Mme Vernet, le vieux commodore Parker, tout heureux de faire le tour de France et de visiter les ports de mer, à la suite de son gendre richement muni de recommandations de toutes sortes pour les autorités provinciales;... puis voici M. Volaire, élève de Vernet, le valet de chambre, la bonne, la nourrice...

Plusieurs charrettes qui suivaient cahin-caha les chaises et où s'entassaient des caisses à tableaux, des chevalets, des boîtes à couleurs, des portefeuilles, des berceaux d'enfants, des cartons, des malles,... complétaient la physionomie pittoresque de cette étrange caravane, et lui donnaient l'aspect d'un convoi d'émigrants ou d'une troupe de comédiens en voyage.

---

[1] Carle naquit pendant le séjour à Bordeaux, le 14 août 1758. Ce fut à Bayonne, 20 juillet 1760, que Mme Vernet donna le jour à sa fille Emilie, dont la destinée devait être si tragique. (Voir page 50 du livre.)

La bonne humeur de Vernet était grande et la mélancolie tenait une bien petite place dans sa joyeuse âme provençale toujours ensoleillée. Cependant cette vie de campement dut lui paraître à la longue ennuyeuse et fatigante, s'il faut en croire quelques lettres qui nous sont parvenues, et où sa lassitude se révèle en termes non équivoques. Mais son mécontentement

INCENDIE NOCTURNE

avait surtout pour cause la négligence du Trésor à s'acquitter envers lui des dettes contractées par l'État. Sa patience naturelle s'irritait d'autant plus de ces incorrections administratives, que ses charges de famille croissaient de jour en jour et l'obligeaient à se procurer des ressources nécessaires par une production trop souvent hâtive, d'œuvres que lui commandaient au passage des amateurs provinciaux [1].

---

[1] Le paiement des commandes des ports de France ne se trouve ordonnancé d'une façon définitive qu'en 1775, c'est-à-dire vingt-trois ans après le départ pour Marseille de Joseph Vernet, muni des instructions de M. de Marigny.

Ces conditions d'existence fatiguèrent l'artiste et finirent par lui faire prendre en horreur ces perpétuelles pérégrinations dont il s'était d'abord tant réjoui.

Il serait toutefois souverainement injuste de reprocher à Louis XV d'avoir confié à Vernet l'exécution de cette suite des *Ports de France*, puis-

LE RETOUR DES PÊCHEURS

que l'artiste a rencontré dans cette commande une occasion unique d'utiliser les précieuses ressources de son incomparable talent de peintre de figures à la composition du plus spirituel tableau de l'ethnographie nationale.

A côté des seigneurs et des nobles dames du temps, ses Provençaux et ses Provençales, ses Bordelais et ses Bordelaises, ses Saintongeoises, ses Basques, ses Olonnaises, ses pêcheurs et ses pêcheuses du Pollet, convoqués par sa spirituelle fantaisie du fond de leurs provinces ou de leurs villages côtiers, et décrits avec une étonnante sûreté d'observation sous leur éclatant costume de fête ou leurs pittoresques habits de travail, vivent d'une vie réelle aux premiers plans des vastes compositions dont ils égayent et animent les perspectives architecturales.

Bien d'autres artistes du xviiie siècle, dit. très judicieusement Léon Lagrange, se sont appliqués au costume, « mais les uns n'ont représenté que des figures isolées où la vie manque. D'autres ont suivi la fantaisie aux dépens de la vérité. D'autres se sont limités à une certaine classe. Chardin est bourgeois, Moreau est parisien, et du grand monde. Joseph Vernet seul a peint la foule. Chez lui les costumes de tous les âges et de toutes les classes se coudoient librement, la noblesse à côté du bas peuple, le militaire près du bourgeois ; le paysan, fidèle aux traditions du terrain, à deux pas du petit maître qui reçoit le mot d'ordre de Paris ; le galérien tout contre la grande dame ».

C'est aussi l'opinion d'un certain rimeur du temps, le poète Bouquier, qui, en une épître mirlitonesque « *à Monsieur Vernet, peintre du roi et membre de l'Académie royale de peinture et de sculpture* », s'est efforcé de décrire l'œuvre du peintre.

Voici, à titre de curiosité, un extrait de ce poème bizarre :

« ... Sur les bords d'un vaste bassin,
Un peuple innombrable fourmille,
Calfate une tartane, élève un magasin,
Transporte le café, l'indigo, la vanille,
D'huile et de vin fait rouler les tonneaux
De sucre et de tabac voiture les bocaux.
Le soldat, la femme, la fille,
L'officier aux traits valeureux,
Le jeune abbé, le sergent, le chanoine,
Le commerçant, le procureur, le moine,
Le conseiller aux longs cheveux,
Le pâtre, le paysan, la timide bergère,
Le commis insolent, l'impudente harangère,

Le philosophe sourcilleux,
Le petit-maître qui s'admire
L'amoureux transi qui soupire,
Et le partisan dédaigneux... »

A peine de retour à Paris, Vernet recevait cette lettre de M. de Marigny.

« C'est avec bien du plaisir, Monsieur, que je vous informe de la grâce que le roi vient de vous accorder. Sa Majesté vous a donné le logement des galeries du Louvre que la mort de M. Galloche a fait vaquer.

« La supériorité de votre talent vous a mérité cette marque de distinction du Roy.

« Jouissez-en aussi longues années que je le désire, vous y logerez longtemps.

« Soyez bien persuadé que c'est avec ces sentiments que je suis, Monsieur, votre très humble et très obéissant serviteur.

« Marquis de Marigny. »

1er octobre 1764.

Sans doute notre artiste eût été très heureux de trouver sous le même pli que cette gracieuse lettre un mandat qui lui permît de toucher le prix de la commande officielle, mais il accueillit toutefois avec une joie non dissimulée le brevet de logement signé du roi qui à quelques jours de distance suivit, en la confirmant, la communication du directeur des Beaux-Arts.

N'était-ce pas en effet le rêve de tout artiste d'habiter au Louvre, de se construire un atelier dans le palais des rois, devenu à la fin du xviiie siècle une sorte de phalanstère artistique, où, grâce à la générosité du souverain, les peintres, les sculpteurs, les graveurs, les orfèvres et jusqu'aux fourbisseurs, se groupaient et vivaient d'une vie presque commune.

Dans les vastes galeries, sous les hauts plafonds, un espace vide allait être livré à l'ingéniosité architecturale de Vernet, qui librement, au gré de sa fantaisie, pourrait « s'y carrer à son aise », élever des cloisons, agencer diverses pièces, en un mot se construire une maison véritable ; une maison d'artiste dans la maison du roi.

A ce sujet *Les livres de raison* nous fournissent de bien curieux détails.

C'est ainsi que Vernet nous apprend que son installation au Louvre ne lui coûta pas moins de 3.000 livres, car il dut employer les maçons, les menuisiers, les peintres. M. Chaise fut chargé de dorer les moulures des chambres, M. Plou de peindre les panneaux du salon et de fixer des tablettes sur le balcon d'en haut.... etc.

Ses voisins de cité s'appelaient Lépicié, Gabriel, Chardin, Aubert l'Avignonnais, Guay le Marseillais, l'orfèvre Rœttiens, le fourbisseur Gounod, le graveur Cochin, le peintre Desportes, « dont la femme prélève sur chaque locataire du roi un impôt de 6 livres pour l'entretien des lanternes dans les corridors ».

PAYSAGE

C'est dans ce milieu charmant, au bruit de triomphes presque ininterrompus, que le grand peintre verra se dérouler, entouré de la tendresse des siens et de la réchauffante amitié de ses confrères, les heures bienheureuses de sa longue et noble carrière. Adieu la vie errante, et la pesante tyrannie des commandes de l'État! Et cependant doit-il se plaindre d'avoir consacré dix années de sa vie à suivre le pinceau à la main l'itinéraire fixé par M. de Marigny, puisque à défaut d'argent cette mission officielle lui a valu l'universelle notoriété dont il va désormais bénéficier si largement jusqu'à la fin de ses jours ! Car la peinture des ports de France, grâce à l'admirable interprétation qu'en firent les Cochin et les Le Bas, et aux éloges incessants de la critique, a rendu le nom de Vernet célèbre dans le monde entier, et il n'est pas un amateur d'art qui ne désire lui acheter une toile. Les clairs de lune et les naufrages sont surtout demandés.

PAYSAGE

Et comme les voyages ont épuisé les ressources, comme les frais d'installation à Paris ont été coûteux, et comme enfin il ne se défend qu'avec mollesse contre les plaisirs qui le sollicitent de toutes parts, le pinceau court, court avec une vertigineuse et déplorable facilité. Pendant les premières années qui suivirent l'emménagement, la production fut presque incessante. Le malheureux Vernet, à peine libéré des exigences officielles, est devenu l'esclave de la mode, la proie du snobisme du temps. Nous avons dit que ses clairs de lune et ses naufrages faisaient surtout prime, pour employer une formule ici très en place.

Cependant le délirant enthousiasme pour Vernet est tel, que certains amateurs, dans leur aveugle désir de posséder une toile du maître, négligent de déterminer d'une manière précise le sujet, et de fixer le prix de l'exécution. En étudiant la première partie du *Livre de vérité* « chapitre des Commandes » nous trouvons, en effet, les notes suivantes :

« Pour M. de la Curne un tableau de 2 pieds et demy de large sur

LES BAIGNEUSES

2 pieds de haut plus ou moins à ma fantaisie avec un peu d'architecture et bien orné de figurines. Je suis maître du prix. »

Puis plus loin :

« Pour M. Roussel, fils du fermier général, il m'a demandé en son passage à Bordeaux en 1758 que je luy fasse des tableaux tant que je voudray; sujet, mesures, prix et temps à ma fantaisie. Mais ils ne doivent pas excéder la grandeur d'environ 4 pieds de large... Deux tableaux pour M. d'Aviray de 27 pouces de large sur 21 et neuf lignes, les sujets à ma fantaisie, mais où il y aye des effets pictoresques (*sic*) et de grandes distances en espace, etc., etc. »

Et ces notes se suivent, se multiplient presque à l'infini dans ce *Livre de vérité* qui, sous sa forme sèche de nomenclature minutieuse, est le plus vivant des documents autobiographiques.

Les relations littéraires que créent à Vernet la vieille amitié de l'abbé Leblanc, et la toute-puissante et affectueuse protection de Mme Geoffrin, dont le salon lui est ouvert et qui lui commande même plusieurs toiles, font encore plus retentissante sa célébrité. Le parfait équilibre de ses facultés, et sa bonne humeur naturelle, purent seules garantir sa raison contre les éloges affolants de Bachaumont, de Marmontel, de Leblanc, voire même de Grimm, et surtout contre les formidables coups d'encensoir de Diderot.

« Vingt-cinq tableaux, s'écrie ce dernier, dans son salon de 1765, vingt-cinq tableaux ! Et quels tableaux ! C'est comme le créateur pour la célébrité ; c'est comme la nature pour la vérité. On dirait de Vernet qu'il commence par créer le pays, et qu'il a des hommes, des femmes, des enfants en réserve, dont il peuple sa toile comme on peuple une colonie ; puis il leur fait le temps, le ciel, la saison, le bonheur, le malheur qu'il lui plaît. C'est le Jupiter de Lucien, qui, las d'entendre des cris lamentables des humains, se lève de table et dit : « De la grêle en Thrace » ; et l'on voit aussitôt les arbres dépouillés, les moissons hachées et le chaume des cabanes dispersé : « La peste en Asie » ; et l'on voit les portes des maisons fermées, les rues désertes et les hommes se fuyant : « Ici un Vulcain » ; et la terre s'ébranle sous les pieds, les édifices tombent, les animaux s'effarouchent, et les habitants des villes gagnent les campagnes : « Une guerre là » ; et les nations courent aux armes et s'entr'égorgent : « En cet endroit une disette » ; et le vieux laboureur expire de faim sur sa porte. Jupiter appelle cela gouverner le monde, et il a tort. Vernet appelle cela faire des tableaux, et il a raison. »

Aux dithyrambiques éloges des « princes de la critique » s'ajoutent ceux des « critiques à douze sols ». L'enthousiasme est universel et pendant que Diderot compare notre peintre au Jupiter de Lucien, *la Lanterne magique aux Champs-Elysées* s'exprime ainsi : « Eh bien ! dit Raphaël en s'adressant à Claude le Lorrain, viendrez-vous me dire que Vernet baisse ? »

Et Claude de s'excuser : « Je suis si éloigné de la façon de penser que vous me prêtez, que si j'avais là ma palette et mes pinceaux, je peindrais sur le tableau que voici deux colonnes sur lesquelles, à l'exemple d'Hercule, j'écrirais *non plus ultra*. »

L'estampe du temps n'est pas moins amphigourique que la critique du *Mercure*, de la *Correspondance littéraire*, de la *Muse errante* ou autres brochures salonnières, comme l'atteste la méchante gravure que nous avons sous les yeux et où Joseph Vernet est représenté en train de peindre. Elle a pour légende cet odieux quatrain :

> Son attention fait comprendre
> Que la nature est son objet
> Mais, pour la saisir et la rendre,
> Il faut être Joseph Vernet.

Cependant le crâne du peintre n'éclata pas. Cette tempête d'éloges outrés, cet ouragan de folles flatteries ne troublent en rien sa belle humeur, son inaltérable sérénité, et laissent intacte sa modestie naturelle.

« Toute sa vie, dit le vicomte Henri Delaborde, dans sa belle étude sur les paysagistes français au xviiie siècle, il résista aux séductions de l'amour-propre, comme il dédaigna les calculs d'une modestie mensongère, et ne rougit jamais d'avouer, selon les cas, son infériorité ou sa supériorité personnelle : bonne foi peu commune chez les hommes de ce siècle et aussi différente de l'humilité adulatrice de Voltaire que de la superbe arrogance de Rousseau. « On a beau, disait-il un jour, m'étourdir
« de belles phrases sur mon génie : j'entends fort bien au dedans de moi
« certaine voix qui réplique que ce génie n'est que du talent. Tout rare
« qu'il est, il ne suffit pas pour m'élever au rang des artistes de premier
« ordre. Je suis inférieur à chacun d'eux dans une partie de l'art, mais
« j'ai sur la plupart des peintres l'avantage de les concilier à peu près
« toutes. »

Peut-être, dans quelques années, au déclin de sa lumineuse carrière, souffrira-t-il de ne plus entendre, au lieu de cet universel concert complimenteur, que les notes aigres-douces contenues dans les *Réflexions joyeuses d'un garçon de belle humeur*[1], ou dans les éloges péniblement bienveillantes du comte de Mende Maupas, l'auteur des *Remarques*. Mais pour

---

[1] «... On reprochait jadis à M. Vernet de toujours se répéter; on se plaint aujourd'hui de ce qu'il n'est plus le même. »

l'instant, sans se laisser griser par l'encens dont l'enivrante fumée l'enveloppe de toutes parts, il poursuit infatigablement son œuvre, brossant sans relâche, à la grande joie de ses admirateurs sans nombre, des ciels limpides ou orageux, des océans calmes ou soulevés, des fleuves et des torrents, de vastes campagnes et des vallées profondes, en un mot la nature tout entière sous ses aspects les plus changeants.

Et sa prodigieuse imagination jettera dans cet immense décor les hommes, les femmes, les enfants que, suivant l'expression de Diderot, « il tient en réserve » et « dont il peuple sa toile, comme on peuple une colonie ».

La carrière artistique de Vernet peut se diviser en trois époques : l'époque d'Italie, qui fut le printemps de son art; l'époque où il réalisa l'entreprise des Ports de France, et qui marque l'été de son talent parvenu en pleine maturité, et l'époque parisienne (de 1762 à 1789), époque très brillante mais surtout très féconde, trop féconde de la vie de l'artiste.

Qui nous dira jamais le chiffre exact de toiles exécutées par Joseph Vernet pendant ces vingt-sept années sans compter celles qui lui furent si fâcheusement attribuées, et qui peut-être encore aujourd'hui figurent sous son nom dans plusieurs catalogues de musées et de galeries privées[1] !

Au printemps de l'année 1778, un de ses plus fervents admirateurs, M. Girardot de Marigny, qui lui commandait des toiles par douzaines, réussit à l'enlever à son atelier du Louvre et à l'amener avec lui en Suisse.

Carle alors âgé de vingt ans, et presque à la veille d'entrer en loge pour le concours du prix de Rome, était du voyage.

Leur absence fut seulement de six semaines. Le talent vieilli et fatigué

---

[1] Nous avons dit, au début de cet ouvrage, qu'Antoine Vernet fut père de vingt-deux enfants. Quatre d'entre eux s'adonnèrent à l'art de la peinture et avec inégalité de succès : Joseph, François-Gabriel, Antoine-François, et Ignace. Antoine-François, communément connu sous le nom de François Vernet, se fit peintre de décor et d'attributs, comme son père, dont il semble avoir écouté les conseils, avant de devenir l'apprenti du sieur Joseph son frère, peintre ordinaire du roi. Il avait précédé Joseph à Paris de quelques années, et l'arrivée de son frère, déjà très célèbre, eut pour lui des conséquences providentielles. Joseph Vernet, qui toute sa vie s'était montré très préoccupé des intérêts de ses parents, et ils étaient nombreux, car ses frères et sœurs lui avaient donné un nombre incalculable de nièces, obtint pour son frère François, à cette époque sans travail et sans ressources, diverses commandes officielles, et entre autres : les décorations picturales du plafond de la chambre à coucher de la reine (1764), de la tribune de la chapelle du roi (1766), de la salle de l'Opéra (1769), du cabinet de la Dauphine (1770), du cabinet du conseil à Fontainebleau (1773),... etc. — François Vernet peignit aussi les peintures marines qui ornent la chaise de Marie-Antoinette, remisée aujourd'hui dans la salle des voitures à Trianon. M. Léon Lagrange fait remarquer avec raison que si ces travaux étaient réelle-

du peintre ne trouva aucun rajeunissement au contact de la nature alpestre. L'écrasant voisinage des montagnes, l'aveuglante mais froide atmosphère des glaciers, le tonnerre, les avalanches, les rumeurs des gaves, n'émurent point son âme et la remplirent au contraire de nostalgiques regrets.

Où sont les champs dorés de l'Italie, les golfes d'azur frangés de poétiques ruines et d'arbres superbes, les douces collines d'Albano, les rivières ombreuses où s'ébattent les baigneuses blanches, sœurs des blanches Amaryllis, le lac de Némi aux eaux bleues et aux rives fleuries de cyclamens, les cascatelles de Tivoli...

Ah! ces divines cascatelles! Comme leur souvenir toujours frais chante doucement dans le cœur attendri du vieux peintre!...

Et pendant que ses compagnons de route s'extasient devant l'imposante majesté des monts inaccessibles et la profondeur des gouffres pleins de nuits et de grondements, lui cherche à voir par-dessus la barrière des montagnes et à découvrir un coin rayonnant de cette Italie où la fleur précoce de son génie s'était jadis, il y a près d'un demi-siècle, presque subitement épanouie.

Cependant afin de répondre au désir de son ami M. Girardot de Marigny, pour qui la Suisse, sous des monstrueux aspects, était comme un résumé grandiose des beautés de la nature, une synthèse des splendeurs du monde, Vernet consentit à peindre deux *Vues des cataractes du Rhin à Lauffenbourg, près de Shaffouse*.

Ces deux toiles d'une exécution froide, morne et sèche comptent parmi les plus médiocres de l'œuvre de Vernet. Il ne pouvait en être autrement. Ce qui n'empêcha pas l'excellent M. Girardot de Marigny de les admirer

---

ment de Joseph comme on le dit souvent, les *Livres de raison* auraient fait mention de cette commande royale.

Joseph Vernet n'eut jamais qu'à se louer de son frère François qu'il aida toujours de ses conseils et de sa bourse, et dont il protégea les enfants avec une tendresse vraiment paternelle. Il n'en fut pas de même à l'égard d'Ignace dont il fut le premier maître, auquel il enseigna, pendant son séjour en Italie, tous les secrets de la peinture de marine, et qui l'en remercia, non seulement en s'efforçant de les pasticher, mais encore en répandant imprudemment dans le commerce un nombre incalculable de soleils couchants, de clairs de lune, de tempêtes, d'éruptions de Vésuve... sous la signature *J. Vernet.*

Joseph put en saisir un certain nombre, mais la plupart échappèrent à ses pénibles recherches, et sans doute beaucoup de ces toiles figurent encore aujourd'hui dans les musées et les collections privées.

Horace Vernet déclare nettement, et cette affirmation nous laisse un peu sceptique, que toutes les toiles médiocres de l'œuvre de son grand-père doivent être attribuées à l'audacieux Ignace.

puisqu'elles représentaient des vues de Suisse et qu'elles étaient signées du nom de Vernet.

Il les paya trois mille livres.

Inutile d'ajouter que ces deux toiles furent exécutées dans l'atelier du Louvre, d'après des dessins faits en Suisse, et où Vernet, fidèle à une méthode mnémotechnique déjà employée à l'époque où il peignait les ports de France, et renouvelée de la décadence italienne, se contente d'indiquer par un trait rapide la forme et la place des objets, de fixer les valeurs des tons locaux, les degrés d'opposition, jusqu'aux qualités des reflets et des ombres par des inscriptions cursives souvent illisibles, véritables hiéroglyphes, dont il ne réussit pas toujours lui-même à deviner la signification.

Après ces vues de Suisse, qui certes n'ajoutent rien à la gloire du peintre, c'est un retour empressé vers les sujets anciens, et, de souvenir, sans même ouvrir ses cartons où s'entassent les brillantes études des permières années, il se remet à brosser avec une facilité déplorable de nouveaux clairs de lune, de nouvelles cascatelles, de nouveaux couchers de soleil derrière les ruines, de nouvelles tempêtes, de nouveaux ciels d'orage déchirés par le zigzag des éclairs..., etc.

Et toujours la foule des amateurs, princes, grands seigneurs, financiers, boutiquiers..., se presse autour de ces œuvres écrites d'un pinceau tremblant, que la mort seule va bientôt faire tomber de la main du trop fécond artiste, et dont l'apparition est saluée à chaque salon par les éloges, presque unanimes, de la critique.

En 1787 et en 1789 on imprime dans les brochures d'art que « depuis cinquante ans ce peintre attend vainement dans l'arène quelque athlète assez hardi pour se mesurer avec lui », que, chose surprenante, à l'âge où le génie des Corneille et des Voltaire était sans vigueur,

LE VIOLONEUX
(D'après un croquis à la plume de Joseph Vernet.)

---

[1] Vernet rapporta de son voyage de Suisse une vingtaine de dessins ou aquarelles. Ce renseignement nous est fourni par le catalogue de sa vente.

le célèbre Vernet est ce qu'il « a toujours été, c'est-à-dire sublime ». L'éloge des poètes n'est pas moins vif et moins soutenu. Voici ce que disent *les grandes Prophéties du grand Nostradamus* :

> On le verra longtemps encor unir
> Le pinceau de Minerve au trident de Neptune
> Tel Sophocle à cent ans charmait encor Athènes.

Et les *Inscriptions à mettre au bas des tableaux* de formuler leur admiration sous cette forme lyrique :

> Vernet fut un soleil du levant au couchant ;
> Il nous charma dès son aurore,
> Brillant dans son midi ; enfin sur son penchant
> Son rayon rend le jour faible, mais doux encore.

Parfois une note discordante s'élève au milieu de l'harmonieux concert, et l'auteur malavisé d'*Encore un coup de patte* ose comparer l'imagination de Vernet à « une planche de cuivre indélébile qui ne cesse de fournir les plus belles épreuves ». Mais nul écho ne répond à cette voix importune et le vieux peintre, l'œil toujours ébloui par les lumineuses visions de sa jeunesse, continue à brosser d'une main défaillante des clairs de lune, des couchers de soleil, des vaisseaux secoués par la tempête et des ciels pleins de terribles menaces.

Les suprêmes ressources de son talent s'épuisèrent dans un effort au-dessus de ses forces.

Il voulut, dans une grande toile, représenter *le Naufrage de Virginie*, désireux sans doute de rendre sous cette forme un public hommage au génie de Bernardin de Saint-Pierre, qu'il fut le premier à deviner et à défendre. Mais son pinceau sénile trahit ses intentions et cette œuvre dernière marqua l'irrémédiable déclin.

A ce sujet Aimé Martin raconte dans son ouvrage sur *la Vie et les Mémoires de Bernardin de Saint-Pierre* une curieuse anecdote, que M. Amédée Durande reproduit dans son livre sur *les trois Vernet*. C'est à ce dernier ouvrage que nous l'empruntons.

« En 1787 Bernardin de Saint-Pierre vint frapper un jour à la porte de l'atelier du vieux peintre. Le célèbre écrivain, peu connu encore à cette époque, bien qu'il ne fût déjà plus très jeune, paraissait désolé, et son hôte, étonné de sa mine piteuse, lui demanda quelle en était la cause. Bernardin venait de lire, dans le salon de Mme Necker, un roman sur le succès duquel il fondait les plus belles espérances ; mais l'impression pro-

MER AGITÉE

duite sur ses auditeurs n'était pas de nature à l'encourager : Buffon n'avait fait que regarder sa montre, Talma s'était endormi ; quelques femmes, plus humaines, se sentaient disposées à pleurer, mais le sourire sarcastique du maître de la maison leur avait fait honte de leur faiblesse et elles avaient retenu leurs larmes. Bref, il voyait bien, ajouta-t-il, qu'il s'était trompé et qu'il ne lui restait plus qu'à jeter son manuscrit au feu, ce qu'il se disposait à faire, séance tenante : « Pendant que je vais peindre, lui dit Vernet, lisez-moi donc votre histoire ; nous verrons s'il n'y aurait pas moyen de reviser l'arrêt de vos terribles juges. » Cette proposition, dernière planche de salut, fut acceptée avec joie par le pauvre auteur naufragé. Vernet s'installa devant son chevalet, et la lecture commença.

« A mesure que Bernardin de Saint-Pierre tournait les feuillets, Vernet, saisi par l'intérêt croissant de cet adorable chef-d'œuvre, se détachait peu à peu de son propre travail, et lorsque l'auteur eut fini, il lui conseilla de ne pas se laisser décourager par des critiques ou envieuses ou inintelligentes, l'exhorta vivement à publier son livre, et lui prédit un très grand succès en dépit de tous ses amis les beaux esprits qui n'y entendaient goutte, assurait-il. »

On connaît la suite de l'histoire.

Joseph Vernet mourut le 3 décembre 1789, l'année même où le *Triomphe de Paul-Emile* ouvrait à son fils Carle les portes de l'académie au titre d'agréé.

Il avait pu aussi embrasser au berceau son petit-fils qui était né le 30 juin de cette même année, c'est ce qui permettait plus tard à Horace Vernet de dire en plaisantant qu'il avait connu son grand-père[1].

***

Elles sont rares les existences d'artistes qui furent aussi noblement remplies, aussi pleinement heureuses que celle de Joseph Vernet. De son aurore à son déclin elle est comme éclairée d'une lumière radieuse, semblable à celle que le peintre répandit si souvent sur ses toiles et qui tomba de ses ciels en une impalpable pluie d'or.

Tout jeune, et après une enfance entourée de tendresse, il part pour l'Italie, pour la contrée bienheureuse, le jardin merveilleux où l'âme humaine, à peine éveillée, cueille à chaque pas les émotions les plus rares, et s'enrichit d'éternels souvenirs. Seul, libre, la bourse légère mais le cœur plein d'une ardeur délirante, rencontrant sur son passage les accueils les plus sympathiques, ménagés par la bienveillance de puissants protecteurs qui dès le début de sa carrière se sont intéressés à son sort et ne cessent, même de loin, de veiller sur lui, il va, la palette à la main, ayant aux lèvres la chanson de la vingtième année, le long des rivages et des

---

[1] Amédée Durande (*Joseph Carle et Horace Vernet*) (Hetzel, éditeur).

fleuves, à travers monts et vallées, brossant avec une sorte d'inconscience géniale ses plus purs chefs-d'œuvre. Puis c'est le retour en France où les commandes le guettent, où les honneurs académiques et autres l'attendent. Pendant plus de quarante ans c'est le perpétuel triomphe, célébré par

L'ORAGE SUR LA MER

les mille voix de la critique, triomphe universel, car aussi bien à l'étranger qu'en France les toiles de Vernet trouvent des amateurs empressés [1].

---

[1] Aujourd'hui encore les collections particulières anglaises ne renferment pas moins de cinquante toiles de Joseph Vernet, achetées jadis par les Hoare, les Foley, les Bridgwartten.
Des noms de princes, d'altesses royales, figurent même dans la *clientèle étrangère* du peintre. Voici celui du prince des Asturies, le futur Charles IV d'Espagne, qui commande à Vernet six tableaux livrables en dix-huit mois de temps, contre une somme de 40.000 francs. Le *Livre de vérité* nous laisse ignorer les sujets choisis ou indiqués. Plus tard le grand-duc de Russie, le futur Paul Ier, de passage à Paris, commande au peintre en vogue quatre tableaux de six pieds de long.
Il en fut si satisfait qu'il fit demander à Vernet, l'année suivante, de lui peindre une tempête

La mort même lui est douce, car le salon de 1789, où il exposa une douzaine de ses meilleures toiles, empruntées à des collections particulières, fut encore pour lui l'occasion d'un nouveau triomphe, et avant de fermer les yeux pour toujours, au bruit des applaudissements, il eut la suprême vision du bonheur présent de tous ses enfants et du glorieux avenir de Carle[1].

Depuis Joseph Vernet, dont l'art fut cependant bien plus vivant bien *plus moderne* que celui de ces étranges « peintres de la nature », de ces Valenciennes, de ces Bidault, de ces Watelet, de ces Bertin, de ces Desgoffe… à la chute définitive desquels succéda la salutaire réaction de l'école anglaise et la prodigieuse éclosion des paysagistes dits romantiques, puis la rénovation impressioniste, nos idées sur le paysage se sont profondément modifiées, et la critique contemporaine se maintiendrait difficilement vis-à-vis du talent de Vernet au même diapason que celle de l'abbé Leblanc et de Diderot.

« de treize pieds sur huit » pour la somme de 15.000 francs. C'était un joli prix de commande pour l'époque. Vernet ne le toucha d'ailleurs que trois ans plus tard, et non sans difficultés.

[1] Vernet mourut à temps pour ne pas assister à la mort tragique de sa fille Emilie, décapitée pendant la terreur. Mlle Emilie Vernet avait épousé Chalgrin, architecte distingué auquel on doit l'église Saint-Philippe du Roule, le Collège de France, le bel escalier du Luxembourg, etc.

Voici en quels termes M. Amédée Durande raconte cet effroyable drame où le peintre David joua un rôle si odieux.

« Chalgrin, architecte du comte de Provence, avait suivi le prince à Bruxelles, laissant sa femme à Paris. Une accusation fut lancée contre elle, et une visite domiciliaire fit découvrir dans son appartement des bougies marquées au chiffre et aux armes du protecteur de son mari. Il n'y avait là rien que de très naturel; mais à cette époque troublée, où la peur s'exaspérait souvent jusqu'à la férocité, le moindre fait prêtant au soupçon prenait des proportions incalculables. Les jalousies, les haines, les rancunes privées, se servaient de la politique comme d'une arme meurtrière, et faisaient de nombreuses victimes.

Mme Chalgrin fut déclarée suspecte. Accuser, c'était presque condamner.

Dès qu'il eut appris cette fatale nouvelle, Carle Vernet courut chez David, son camarade et son ami. Le peintre de Marat jouissait d'un grand crédit auprès des puissants du jour. Malheureusement, il avait été fort épris de Mme Chalgrin, et cette honnête femme n'avait fait aucune attention à lui. De là un sentiment de rancune qui dicta à David une réponse bien digne de son républicanisme poncif et drapé à l'antique, comme les Romains de ses tableaux : « J'ai peint Brutus, dit-il, je ne saurais solliciter Robespierre; le tribunal est juste, ta sœur est une aristocrate, et je ne me dérangerai pas pour elle. »

A force de prières, Carle parvint cependant à émouvoir ce stoïque féroce et ridicule, qui devait se changer plus tard en plat courtisan. David fit quelques démarches et obtint sans peine la grâce tant souhaitée. Mais, par une distraction inqualifiable, il garda pendant plusieurs jours dans sa poche l'ordre d'élargissement qui lui avait été remis, et, lorsqu'il y songea, il n'était plus temps. Les morts allaient vite, et l'échafaud n'attendit pas. »

On peut voir au musée du Louvre un délicieux portrait d'Emilie Vernet par David. La tête seule est terminée. Le reste du corps est à l'état d'ébauche et se détache sur un fond d'un rouge presque sanglant.

Les quelques rares écrivains d'art qui osent encore proclamer de nos jours, avec l'esprit d'intransigeance des critiques de 1820, que l'art du paysagiste n'existe réellement que s'il s'élance « avec noblesse » dans le domaine de l'histoire, ne peuvent porter qu'un jugement sévère sur l'œuvre de Joseph Vernet dont les deux plus mauvaises toiles sont incontes-

MARINE

tablement celles où il entreprit si malheureusement le travestissement historique de la nature comme dans *Agar* et *Jonas*. Par contre, l'opinion de ceux pour qui tout l'art des paysagistes réside dans la sensibilisation de leurs toiles par une copie absolument fidèle de la nature dans sa réalité brutale, par l'exécution précise du morceau, ne peuvent aimer de Vernet le large procédé de généralisation et la poétique liberté d'interprétation.

A ceux-là seuls il plaira, et leur opinion suffira à l'éternité de sa gloire, qui considèrent l'imagination comme la qualité mère de l'artiste, et qui dans l'œuvre immense de Vernet, savent, malgré les trop nombreuses négligences qu'elle renferme, découvrir les plus grands spectacles de la nature, souvent décrits avec une réelle intelligence du vrai et toujours avec un sentiment profond de la beauté. Sans doute cette nature manque un peu de subjectivité et le peintre s'oublie parfois trop exclusivement dans l'analyse excessive du pittoresque. Et c'est là la véritable lacune du talent de Vernet. Mais il réussit souvent à corriger habilement cette faiblesse de son art et à attendrir en quelque sorte la surface objective de sa nature trop compliquée, trop chargée d'éléments imaginés, en y faisant vivre, dans la joie ou dans la douleur, la foule humaine, prise en pleine vérité. « Les personnages dont il peuple ses paysages n'avaient rien à démêler avec les Vénus et les Apollon, mais ils riaient, ils pleuraient, ils aimaient, ils maudissaient, ils portaient leur cœur sur leur visage[1]... »

« ... Je voyais toutes ces scènes touchantes, s'écrie Diderot (qui, en tant que critique d'art avait d'ailleurs l'émotion facile) et j'en versais des larmes réelles[2]. »

Si le succès personnel de Joseph Vernet fut grand, son influence sur les destinées du paysage au xviiie siècle fut nulle. Il n'eut pas d'élèves, mais quelques pâles imitateurs comme Henry, Volaire, Lacroix (son plus habile pasticheur), Mettay, Lallemand, Beaujeon, dont les œuvres sont aujourd'hui oubliées.

Lontherbourg le copia maintes fois, Fragonard lui emprunta quelques cascatelles, Demarne et Lantara s'en souviennent dans quelques-unes de leurs toiles... Puis c'est tout.

A peine le vieux maître eut-il déposé son pinceau que le terrible Michallon mettait en grand honneur le paysage historique. C'était à faire regretter les caprices champêtres et les paysages d'opéra-comique signés des noms de Watteau, de Boucher et de Lancret !

La paralysante doctrine des peintres académiques pesa sur l'école jusqu'à l'heure où Constable poussa son cri de révolte et mena à l'assaut définitif de la vieille fabrique où flottaient les étendards des Valenciennes et des Bidault, l'héroïque phalange des Théodore Rousseau, des Jules Dupré, des Troyon, des Diaz, des Huet, des Millet, des Bonington, des

---

[1] Léon Lagrange.
[2] Salon de 1767.

Cabat, des Decamps, des Flers, des Daubigny, des Corot... Corot! arrière et glorieux petit-fils des Poussin, des Lorrain, des Joseph Vernet, ces grands explorateurs du pays de l'idéal, ces grands visionnaires, peintres éternels de l'éternelle nature vue à travers l'émotion de leur âme et que leur génie synthétique nous montre dans tout le rayonnement ou dans toute la mélancolie de son universelle beauté.

LE NAUFRAGE

Le Poussin, Claude le Lorrain, Joseph Vernet, Corot, voilà, chez nous (placés sans doute à des hauteurs différentes, dans le jugement de la postérité), les peintres les plus inspirés de la nature, les grands poètes du pinceau, les grands immortels.

La pensée humaine pourra se modifier, l'idéal de demain n'être plus celui d'aujourd'hui, les opinions en fièvre lutter pour le style où l'impression, de nouvelles esthétiques prendre racine au milieu des ruines des traditions, sans que jamais aucune ombre ne ternisse la gloire de ces lumineux génies. Car, sans souci des écoles et des systèmes, dédaigneux également des procédés, ivres de leur sujet, ils l'ont peint avec la double mémoire du cœur et des yeux, laissant leur imagination large ouverte à toutes les impressions du monde extérieur.

Ils se sont triomphalement emparé de notre pensée pour l'élever au-dessus du petit coin de terre où nous vivons (et qu'on nous peint d'ailleurs trop souvent dans ses détails les plus intimes et les plus vulgaires), puis pour lui dresser de merveilleux reposoirs dans les grands espaces bleus du pays des rêves.

Bénissons tous ces nobles évocateurs d'infini, tous ces généreux dispensateurs d'idéal, quand chez eux l'expression est la divine sœur de l'émotion, comme dans le *Moulin* du Lorrain, dans la *Vue du lac d'Albano* de Vernet, dans l'*Étoile du soir* de Corot, toiles où se trouvent si bien résumées les qualités d'art essentielles de ces trois grands peintres, unis dans l'immortalité par une indiscutable fraternité de génie.

L'œuvre de Vernet n'a ni l'imposante et splendide majesté de celle du Lorrain, ni la grâce précieuse, et que rien n'altère, de celle de Corot. L'excès de son développement nuit à l'harmonie de son unité. Entraîné par cette prodigieuse facilité, héritage de famille, héritage périlleux, dont devaient également souffrir son fils Carle et son petit-fils Horace, Joseph Vernet s'abandonna à une incessante production, pendant laquelle il lui arriva même trop souvent de perdre jusqu'au souvenir de la nature qu'il voulait rendre et dont il avait autrefois, lors des belles années d'Italie, exprimé avec un art si vibrant et si sincère, avec un pinceau si pénétrant et si subtil, les mystérieuses beautés. Et c'est alors qu'il avait recours aux déplorables procédés mnémotechniques dont nous avons parlé.

Mais nous le répétons encore et cela sans porter condamnation absolue sur la totalité de l'œuvre exécutée de 1753 à 1789, la suite considérable des toiles qu'il signa pendant la période italienne, c'est-à-dire de 1734 à 1753, suffit amplement à sa gloire [1].

Vernet pouvait mourir à trente-neuf ans et laisser un nom immortel. Et s'il faut admettre que c'est grâce à l'ensemble prestigieux des chefs-d'œuvre d'Italie que tant de toiles inférieures exécutées dans la seconde

---

[1] Pendant les vingt années qu'il séjourna en Italie, Joseph Vernet n'exécuta pas moins de trois cents tableaux que se disputaient les Anglais, les Hollandais, les Italiens et les Français qui envahissaient son atelier.

partie de la vie du peintre, et qui portent son nom, figurent encore en place d'honneur dans les galeries nationales et particulières, on se croit presque autorisé à déplorer sinon la longueur de son existence, du moins la fécondité trop durable de son pinceau.

Le bain (détail).

CARLE VERNET, ENFANT, par Lépicié
(Gravure de M. Romagnol. Collection de M. Philippe Delaroche-Vernet.)

Les apprêts d'une course (d'après une gravure de Darcis).

CARLE

Presque à la même époque où il remportait le premier prix de Rome en interprétant avec une correction toute classique la *Parabole de l'enfant prodigue* (1779), Carle Vernet offrait à son père une magnifique étude peinte d'après un cheval de course. Ce fut le premier essai sérieux dans un genre où il devait devenir maître[1], et comme une instinctive protestation contre un triomphe académique où il ne trouvait que l'intime satisfaction du devoir filial consciencieusement accompli. Car, autant le vieux peintre souhaitait pour l'enfant préféré, dont le précoce talent emplissait son cœur de joie, tous les honneurs officiels dont sa longue carrière avait été remplie, autant Carle les recherchait avec peu d'empressement et semblait n'en vouloir bénéficier que pour la grande joie du père qui l'avait si tendrement aimé.

Mais la facilité de son art était si grande et sa faculté d'appliquer aux

[1] Carle avait déjà obtenu, en 1779, le second prix de Rome en peignant *Abigaïl offrant des présents à David*.

sujets les plus divers les ressources presque infinies de son talent que, sans effort apparent, il passait du genre le plus léger au genre le plus austère et savait presque simultanément draper avec une correction toute davidienne le péplum antique et faire courir de fines broderies d'or sur les bas bien tirés des Merveilleuses.

Ainsi après avoir appris de Lépicié l'art de peindre, conformément aux conventions de l'époque, les souffrances des martyrs, l'héroïsme guerrier

MYRZA, cheval persan (lithographie de Vernet).

des Grecs, des Romains et même des Samnistes, les béatitudes des saints, les descentes de croix et les amoureuses aventures de Télémaque ou d'Aristonoüs il put en quelques années conquérir les lauriers de l'école de Rome et ceux de l'Académie. Ce fut sa grande toile *le Triomphe de Paul-Emile*, vaste composition pleine de mouvement, pêle-mêle d'armures, de piques, d'étendards, de trompettes, de chars traînés par de magnifiques pur sang anglais qui lui ouvrit toutes grandes les portes de l'Institut. Cet événement se passait en 1789, quelques mois seulement avant la mort de Joseph Vernet qui, de son fauteuil académique, put assister à la réception de son fils dans l'illustre société dont il faisait partie lui-même depuis bientôt quarante-cinq ans.

Le jeune récipiendaire, successivement présenté par un huissier à tous les membres, s'inclinait profondément devant chacun d'eux, ainsi que le voulait le cérémonial du temps. Lorsqu'il parvint devant son père (nous apprend un contemporain), « il oublia les lois de l'étiquette et se jeta dans

Chasseur aux écoutes (d'après une gravure de Jazet).

ses bras, mouvement naturel, noble élan du cœur, auquel applaudirent tous les académiciens présents ».

A la mort de Joseph Vernet, Carle dit adieu au genre qui, si rapidement, lui avait valu une célébrité officielle, et dans le cours de sa longue carrière artistique, il ne fit que de très rares incursions dans le domaine de l'histoire rétrospective, préférant consacrer la féconde activité de son talent à la peinture des mœurs de son temps [1].

[1] Outre ses toiles de concours pour les prix de Rome et son tableau de réception à l'Académie, on a encore de lui, dans le genre académique, trois grands dessins représentant des

Toutefois son irrésistible penchant pour la pittoresque représentation des scènes de sport et de mœurs ne lui fit pas abandonner la peinture héroïque, mais au lieu d'emprunter aux chants d'Homère et aux récits de Xénophon et de Tite-Live ses motifs d'inspiration, il les demandera aux

Bataille de Millesimo (25 germinal an IV), (d'après la gravure de Duplessis-Bertaux).

bulletins militaires qui, pendant plus de vingt ans, vont raconter, jour par jour, les exploits des soldats de la République et de l'Empire.

Il sera le peintre de *Marengo* et de *Rivoli* en même temps que celui de la *Danse des chiens* et du *Jour de barbe d'un charbonnier*, et si dans le genre militaire son talent ne s'affirme pas avec une aussi vivante originalité que dans la peinture légère des mœurs de son époque, il ouvre cependant une voie nouvelle aux peintres de bataille.

Courses de char aux funérailles de Patrocle, la *Mort d'Hippolyte* et le *Vainqueur aux courses de char revenant avec sa compagne*, sujets d'un indiscutable poncif, mais où Carle Vernet trouva cependant l'occasion de produire ses qualités de peintre hippique en y faisant galoper de fringants coursiers dont l'allure vivante et essentiellement moderne faisait un curieux contraste avec les attitudes classiques et noblement figées des personnages.

« Plus hardi que Van der Meulen, dit L. Lagrange, moins gêné par l'étiquette, c'est au cœur de l'action qu'il se plaçait, montrant aux spectateurs non plus seulement les dispositions générales des lignes, mais le mouvement réel des troupes, le drame passionné auquel concourent les hommes et les chevaux, les généraux et les soldats.

Promenade en guigue (d'après une gravure de Le Vachez).

Ce cadre vivant était si bien approprié à ce qu'il fallait peindre que, malgré les efforts épiques de Gros, l'art n'a plus changé depuis, et tous les peintres de bataille, à commencer par Horace Vernet, n'ont pu mieux faire que de se conformer au programme tracé par la *Bataille de Marengo*.

Afin de se rendre plus familiers les différents personnages du drame, Carle étudiait dans des tableaux de moindre dimension les actions particulières qui forment comme le réseau de l'action générale. C'étaient des marches, des combats singuliers, des trains l'artillerie..... »

On peut vraiment dire que si dans la peinture du paysage Joseph Vernet fut, sinon un initiateur souverain, du moins un précurseur aux courageux et féconds enseignements, Carle, surtout après la campagne d'Italie, où il accompagna le Premier Consul sur la plupart des champs de bataille, dessinant d'après nature les épisodes qu'il voulait peindre, apparut comme un providentiel rénovateur dans l'art de la peinture militaire, dont les Wouwerman, les Angéli, les Courtois, les Van der Meulen, les

Préparatifs d'une course (d'après une gravure de Jazet).

Martin le Jeune avaient été jusqu'alors les représentants spirituellement anecdotiques ou froidement solennels.

Carle Vernet, en parcourant le cadre sanglant des champs de bataille son crayon à la main, puis en exprimant, non seulement la disposition générale des lignes et le vaste mouvement collectif des troupes, mais aussi l'action fiévreuse des groupes et des individus, voire même des chevaux, en un mot de chacun des acteurs du drame, avait tracé aux futurs peintres militaires le programme à suivre et fixé la formule dont devaient s'inspirer bientôt avec un si grand succès les Raffet, les Bellangé, les Horace Vernet, les Meissonier, les de Neuville, les Detaille...

I

Il suffit de parcourir les galeries du palais de Versailles et surtout de feuilleter les *Tableaux historiques des Campagnes et révolutions d'Italie*, suite intéressante de gravures exécutées la plupart par Duplessis-Bertaux, d'après des cartons de Carle Vernet, pour se rendre compte de la place considérable que tient la peinture militaire dans l'œuvre de ce dernier.

Le départ (d'après une gravure de Jazet).

Sous le Consulat, la publication de ses dessins de bataille lui valut une immense popularité et l'exposition de sa *Bataille de Marengo* au Salon de 1804 fut un véritable événement artistique. Cependant, malgré les retentissants succès qu'il obtint comme peintre des soldats et malgré le rôle important qu'il joua dans le mouvement historique de la peinture militaire, Carle Vernet demeure et demeurera comme le type du peintre sportique et des élégances mondaines de son époque.

Bien plus que des images guerrières, son nom évoquera toujours des champs de courses, des intérieurs d'écurie, des scènes de chasse, des figures de jockeys et de piqueurs, de fines silhouettes d'Incroyables et de

Merveilleuses se saluant avec une grâce maniérée en s'envoyant des baisers du bout des doigts...

Avant ses triomphes académiques à la sortie de l'atelier de Lépicié et

La course (d'après une gravure de Jazet).

à son retour de Rome, le goût de Carle Vernet pour la peinture hippique s'était nettement manifesté[1].

Il faut rechercher la cause de cette précoce vocation pour un genre spirituel dans la fréquence des relations que Joseph Vernet entretenait avec

[1] Carle Vernet ne séjourna que sept mois à Rome au lieu d'y rester durant les quatre années réglementaires. L'atmosphère mystique de la ville éternelle eut sur sa nature, naguère si mondaine, si avide de plaisirs, mais parfois cependant soumise à ses crises de mélancolie profonde, une étrange influence.
Il abandonna complètement ses études de peinture, cessa même de s'intéresser aux courses du *barberi*, et se plongea dans la religion avec une ardeur inquiétante. Lagrenée, alors directeur de l'école de Rome, convaincu que Joseph Vernet n'apprendrait pas avec une vive satisfaction l'entrée de son cher « Charlot » dans les ordres, s'empressa d'instruire le vieux peintre de l'état d'esprit de son fils. Aussi, avant d'avoir eu le temps d'endosser la robe de moine, Carle était-il rappelé en toute hâte à Paris où la crise religieuse prit rapidement fin au milieu

les grands seigneurs de son époque, presque tous amateurs de chevaux de
luxe et possesseurs d'équipages de chasse. Carle pour lequel le vieux peintre
avait une prédilection très marquée et dont il avait même fait son compagnon de plaisirs et de fêtes eut, dès le début de sa carrière artistique, l'œil

L'HALLALI (d'après une gravure de Jazet).

familiarisé avec le spectacle très animé des pur sang anglais franchissant
les obstacles des champs de courses et des chiens de race menant cerfs et
sangliers. Sa première jeunesse fut bercée, pour ainsi dire, aux sonneries
des cors et aux aboiements des hallali. Même pendant son séjour en Italie,
le souvenir de toutes ces visions sportiques et cynégétiques l'obséda. C'est
de Rome qu'il envoya comme étrennes à son père le fameux cheval peint

du bruit des fêtes et des plaisirs. Désormais, et nous savons nous en réjouir, l'élégant cavalier
de la croix de Berny, le fidèle habitué des bals de l'opéra, ne songera plus à s'envelopper de
bure et à se couvrir la tête de cendres. Il avait trouvé lui aussi son chemin de Damas, entre
Santa Maria della Pace et le restaurant du *Veau qui tette*.

qui émerveilla le vieillard; et, lorsqu'il étudiait les fresques de Raphaël et les toiles de Jules Romain et Salvator Rosa, c'était, surtout, nous dit-il, pour bien se rendre compte de la manière dont ces trois maîtres avaient traité les chevaux avant lui. Il est d'ailleurs permis de supposer que son art si curieux de vérité rencontra de plus fécondes émotions dans le spectacle des courses de *barberi* ou dans celui des bergers de la campagne romaine galopant l'aiguillon à la main après leurs taureaux réfractaires, que dans la contemplation des coursiers aux formes conventionnelles et aux allures épiques qui piaffent triomphalement ou se cabrent avec une majesté sculpturale dans la salle d'Héliodore et dans la chambre de Constantin.

Chez les Vernet le talent fut aussi précoce que facile. A six ans Joseph commençait à dessiner la tête, et au collège des Quatre-Nations, l'élève Horace se refusait à comprendre que les plumes et les crayons pussent servir à autre chose qu'à faire des bonshommes que son grand-père Moreau lui payait d'ailleurs généreusement vingt sous pièce[1].

La précocité artistique de Carle ne fut pas moindre que celle de son père et de son fils, s'il faut en croire l'amusante anecdote suivante, rapportée par Charles Blanc. « A cinq ans, nous dit ce dernier, Carle dessinait déjà d'une façon surprenante si bien que son père en parla un jour avec feu chez M. d'Angevilliers, où se réunissait une société choisie; et comme on se récriait sur l'aveuglement de la tendresse paternelle, Joseph Vernet envoya chercher son fils.

« Voilà le pauvre enfant installé au milieu du salon, une feuille de papier devant lui et son crayon à la main.

« Suivant son instinct il dessina hardiment un cheval, et, à mesure qu'il avance, on murmure autour de lui : « Bien ! Très bien ! mais il a pris trop bas, il n'y aura pas de place pour les jambes. »

« L'enfant continue, sans se déconcerter, achève le corps, commence les jambes du cheval, puis en quatre coups de crayon il figure de l'eau sur le bas de la feuille, faisant prendre un bain de pieds à son cheval, et laissant les spectateurs étonnés de sa présence d'esprit[2]. »

---

[1] Amédée Durande.

[2] En 1762, offrait pour ses étrennes à Charlot (qui avait alors quatre ans) « des cahiers pour dessiner » (*Les Livres de Raison* de Joseph Vernet).

II

Avant d'étudier l'œuvre, tentons d'esquisser un portrait de l'artiste. Physiquement Carle semble tenir beaucoup plus de sa mère, la *signora*

ÉTUDE DE CHEVAUX AU REPOS (lithographie de Vernet).

Virginia Parker, que de son père, ainsi que le témoignent les divers portraits de Vanloo, de Lépicié, de Robert Lefèvre, de Mme Vigée-Lebrun, de Guérin...

Sa gracieuse vivacité, empruntée à la nature provençale, était comme tempérée par une sorte de morgue anglo-saxonne, héritage des ascendances maternelles.

Les écrivains du temps s'accordent pour le classer parmi les *gentlemen* les plus accomplis.

Il était, disent-ils, aussi élégant de tournure que distingué de visage. Ses traits avaient beaucoup de finesse. Il fut aussi un des meilleurs cavaliers de son époque. Il aimait de passion le cheval et montait comme un jockey. On le vit encore à soixante-dix-sept ans caracoler au Bois de Boulogne.

D'ailleurs tous les exercices du corps prenaient une grande part de son existence et, avec un égal succès, il cultivait le cheval, l'épée et la course à

Les jockeys montés (d'après une gravure de Darcis).

pieds. Carle Vernet fut un marcheur extraordinaire, fait assez rare chez les parfaits cavaliers, et on raconte même qu'à la suite d'un pari engagé avec quelques muscadins en vue, de ses amis, Tourton, Bacuée, Lagrange... il courut un jour au Champ-de-Mars, dans une de ces courses renouvelées du stade antique. Il y remporta le premier prix que le président de la fête, Lareveillère-Lépeaux, lui décerna avec ce compliment très flatteur : « Monsieur Vernet, votre nom est habitué à tous les triomphes. »

Élégant, spirituel, maître dans tous les sports portant avec un extraordinaire raffinement de correction le frac, la culotte collante et la botte à retroussis, riche d'un nom célèbre et d'un talent personnel, répandu dès sa première jeunesse dans la plus mondaine des sociétés, Carle Vernet devint bien vite l'homme le plus à la mode de son temps, un des chefs les plus en vue de la jeunesse dorée, et un des compagnons de fête et de chasse du duc d'Orléans...

Avec un égal empressement ses contemporains recherchaient sa spirituelle société et les brillantes productions de son art si facile.

Ce fut un homme heureux. Et si ce n'étaient les quelques mystiques inquiétudes qui troublèrent les premières heures de sa jeunesse et surtout le profond chagrin que lui causa la fin tragique de sa sœur Emilie, sa vie eût été, comme celle de son père, une suite presque ininterrompue de triomphes et de joies de toutes sortes pendant plus d'un demi-siècle.

ÉTUDE DE CHEVAUX AU GALOP (lithographie de Vernet).

Si Carle Vernet tenait de sa mère, « *una dona veramente graciosa*[1], » la distinction des traits et l'élégance des manières, il avait reçu de son père un caractère alerte, joyeux, pétulant, où la mélancolie n'apparut que très rarement, à l'époque des crises religieuses et amoureuses, lorsqu'il voulut, comme son maître Lépicié, mais pour tout de bon, revêtir la robe de moine et lorsque, sentimental adorateur, il soupirait pour « les beaux yeux de Nogent[2] ». « Aussi gai, aussi vif, aussi étourdi qu'avait pu l'être Joseph dans

---

[1] Lettre de Natoire.

[2] Lépicié avait la singulière manie de peindre en costume de moine,
L'étude des *Livres de Raison*, nous apprend que Carle Vernet, même avant son départ pour Rome, était très épris d'une jeune fille de Nogent, qui d'ailleurs semble n'avoir jamais bien sérieusement répondu à la passion du jeune homme.
Est-ce dans cet amour malheureux qu'il faut chercher la cause de ces subites expansions du sentiment religieux et de ces velléités monacales? Cette fâcheuse aventure ne paraît cepen-

sa jeunesse, Carle prêtait à son père un peu de ses vingt ans, et lui empruntait en retour un peu de cet or dont on a tant besoin à tout âge. On a raconté que Joseph Vernet vieilli achetait à son fils, argent comptant, des calembours dont il allait ensuite se faire honneur en société, et comment Carle, pour battre monnaie, revendait sans pudeur le même bon mot deux ou trois fois de suite, abusant de la mémoire fatiguée de son père[1]. »

LA CHASSE AU RENARD (d'après une gravure de Jazet).

Les mots d'esprit de Carle Vernet ne se comptent pas. Plusieurs sont devenus populaires, entre autres ce calembour si connu sur la *Bourse et la Vie* qu'il servit en réponse à une question désobligeante d'un voleur rencontré un soir en plein Paris.

A l'indiscret personnage Carle répondit avec une parfaite sérénité qui, paraît-il, déconcerta complètement le bandit : « La Bourse est au bout de

dant pas avoir profondément bouleversé la destinée de Carle Vernet, car en apprenant, à son retour de Rome, que « les beaux yeux de Nogent » s'étaient mariés à un autre soupirant, il chercha de rapides et douces consolations dans les coulisses de l'Opéra, et dans la vie de sport, avant d'épouser Fanny Moreau, la charmante fille de Moreau le jeune (1787).

[1] Léon Lagrange.

la rue à droite, monsieur, et l'avis que je vous donne est de changer au plus vite de profession. »

Autre aventure de brigands où notre peintre eut encore le beau rôle.

Arrêté par des malandrins (était-ce dans les monts d'Albano ou en plein Paris ?) Carle Vernet dut déposer entre leurs mains une bourse où brillaient quelques pièces d'or. Et il accompagna cette douloureuse offrande de cet énorme calembour : « C'est drôle qu'en un tel métier vous ayez toujours *saint Louis* pour vous. »

C'est encore lui qui, patinant avec Isabey sur le canal Saint-Martin, demanda à ce dernier : « Est-ce que tu as froid, toi ? — Je gèle, » ré-

La chasse (d'après une gravure de Jazet).

pond Isabey en claquant des dents. Et Carle de s'avancer vers un inconnu qui s'essayait à patiner près d'eux et de lui dire avec un imperturbable sérieux : « Voulez-vous avoir la bonté de fermer la porte Saint-Denis. »

Un de ses plus jolis jeux de mots est celui qu'il fit lors de la première représentation de *Maison à vendre*. Il est d'ailleurs très connu.

Vernet se trouvait à côté d'Alexandre Duval, dans une loge d'avant-scène avec quelques amis. Chacun félicitait l'auteur du succès de sa pièce. Seul Carle Vernet ne disait rien. « Est-ce que vous n'êtes pas content ? » lui dit un des assistants, que le silence de Vernet étonnait. « Non, répondit ce dernier, M. Duval a trompé le public ; il avait annoncé une *maison à vendre*, et je ne trouve qu'une *pièce à louer*. »

La tendresse de Joseph Vernet pour Carl se manifestait en toute circonstance, sous toutes les formes. C'était très visiblement le favori, et même

LE DÉPART (d'après une gravure de Jazet).

pendant le court séjour de l'enfant gâté à l'école de Rome la sollicitude paternelle, toujours en éveil, toujours inquiète, ne cessa de s'intéresser aux moindres actions du jeune peintre. Le *Journal* de Joseph nous apprend que chaque semaine le pensionnaire de la villa Médicis recevait une longue lettre chargée des plus affectueuses recommandations. Les sages conseils « de ne pas s'amuser à faire des bagatelles et des croquis bientôt faits », mais d'étudier sérieusement les grands maîtres, surtout Raphaël, alternaient avec d'autres conseils, non moins sages, qui portaient sur le choix des relations

et sur les règles d'hygiène à observer. Le bon père, que la santé délicate de son fils adoré préoccupait très vivement, redoutait les suites de trop violents exercices d'équitation et de « parties de bal » trop mouvementées. « La table est-elle bonne à l'académie ? »... Voilà encore une des anxieuses questions dont ses lettres sont remplies.

Nous retrouverons plus tard chez Carle les mêmes témoignages de tendresse passionnée, voire même tyrannique, pour son fils Horace.

JOCKEY AU MOMENT DE MONTER A CHEVAL
(d'après une gravure de Jazet).

Jamais la fraternelle communion de l'esprit et du cœur ne se manifesta

ÉTUDE DE CHEVAUX SE BATTANT (lithographie de Vernet).

d'une façon plus noblement touchante que chez ces trois grands artistes dont les existences sont comme soudées entre elles par les plus mystérieuses et les plus profondes affinités. Et cependant que de contrastes, non seulement dans l'aspect extérieur des natures, mais aussi dans les manifestations familières des caractères !

Certes Carle a bien hérité du talent de son père et aussi de la gaîté de son esprit et de la générosité de son cœur, mais qu'il est loin de lui ressembler dans la vie pratique et d'être le méthodique teneur de livre que

Le départ du chasseur (d'après une gravure de Levachez).

fut le minutieux auteur de *Livres de raison* ! Qu'on en juge par le récit de cet épisode emprunté au livre de M. Léon Lagrange, et où l'on verra combien furent vains les efforts du père pour inculquer à son fils ses habitudes d'ordre et ses goûts de comptable.

Disons, tout d'abord, que lorsque Carle partit pour Rome, Joseph Vernet lui fit promettre de noter, avec soin, jour par jour, toutes ses dépenses.

« Mais au retour, mon ami Carle ne put montrer l'ombre d'un livre de raison. Le père alors le fit asseoir, et le força d'inscrire sur une page blanche d'un de ses livres à lui les dépenses du voyage. Cette page est vivante. On voit le père sur le dos du fils, et ce dernier, un crayon à la main, cherchant dans sa mémoire ce qu'il pourrait bien inventer pour abréger la corvée : « De Paris à Rome, écrit-il, j'ai dépensé environ 30 francs en menues « dépenses, comme spectacles, gants, cravattes, etc... » mais le père insiste : il veut des détails. Alors Carle d'accuser en chiffres ronds : « A Rome un « gilet blanc, 10 francs. — Des gants, deux paires, 4 francs. — Tapis de « table, 40 francs. — Spectacles *plusieurs fois*, 3 francs... etc. » Le café, les étrennes, le spectacle, les couleurs reviennent à tout instant. Mais enfin quand il a inscrit « une martingale, 10 francs, 52 francs au tailleur, et « 70 francs de couleurs », Carle, ennuyé, jette le crayon. Le père le ramasse, ou plutôt prend la plume et continue d'écrire sous la dictée du fils quatre ou cinq articles, et puis... Et puis Carle sans doute a fait un calembour, le père a ri, il est désarmé et la confession se termine. »

III

Nous connaissons l'homme. Étudions le peintre et efforçons-nous de le suivre à travers les multiples évolutions de son art et les caprices de sa laborieuse et folle existence.

A proprement parler Carle Vernet ne fut pas un peintre. S'il hérita de la prodigieuse facilité de composition de son père, s'il sut, comme lui, fixer d'un crayon rapide, spirituel et vivant, les expressions et les attitudes de figures encadrées dans des accessoires correctement adaptés au sujet, il ignora l'art divin de produire de puissants effets par l'harmonieuse combinaison des tons. Et il fut en cela bien inférieur au peintre des bords du Tibre et des vues de Tivoli et d'Albano.

L'aspect général de ses grandes compositions picturales, de la *Bataille de Marengo*[1], du *Matin d'Austerlitz* (sa meilleure toile), de la *Reddition de*

---

[1] Ce tableau qui figura au Salon de 1808 valut à Carle Vernet la croix de la Légion d'honneur. Et la lui remettant de ses propres mains, Napoléon lui dit : « Monsieur Vernet, vous êtes ici comme Bayard, sans peur et sans reproche. Tenez, voilà comment je récompense le mérite. »
L'impératrice ajouta à ce premier compliment ces mots gracieux : « Ce sont deux croix en une ; il est des hommes qui traînent un grand nom ; vous, Monsieur, vous portez le vôtre. » (Amédée Durande.)

Madrid, de la *Bataille de Rivoli*, du *Siège de Pampelune*, etc., est, il faut bien le dire, d'un effet désagréable, dans sa tonalité froide et vitreuse.

De même de la *Chasse au daim dans les bois de Meudon*, la seule toile de l'artiste qui figure au musée du Louvre, et qui fut exécutée pendant

HALTE AU RETOUR DE LA CHASSE (d'après une gravure de Jazet).

l'année 1827. Ici comme dans les toiles militaires Carle Vernet recherche avant tout le style de la composition dans l'esprit du dessin, dans l'élégance des silhouettes, dans le pittoresque des accessoires ; mais quel suprême dédain de la vérité du ton local et de l'harmonie générale !

Carle Vernet ne se faisait d'ailleurs aucune illusion sur les vertus de son pinceau ; ses peintures sont assez rares, étant donné le colossal ensemble de son œuvre. Le travail du crayon convenait surtout à son talent spirituel et primesautier, aussi s'y livra-t-il presque incessamment pendant la durée de sa longue et laborieuse carrière. Ce fut lui qui mit un des premiers en usage l'art de la lithographie, qui devait rendre bientôt si populaires ses scènes de sport et de mœurs, ses estampes satiriques, ses fins croquis de modes.

L'œuvre de Carle Vernet peut, en définitive, se diviser en quatre parties : les dessins au crayon, les peintures, les aquarelles et sépias, et

Amazone égarée (d'après une gravure de Jazet).

les lithographies. La partie lithographique est de beaucoup la plus importante. Le cabinet des estampes possède environ six cents lithographies, et la collection est loin d'être complète.

Les dessins à la mine de plomb sont également fort nombreux. Je connais des albums qui en sont couverts. Beaucoup ont une allure magistrale. Certains d'entre eux deviendront de brillantes aquarelles qui à leur tour se transformeront en précieuses gravures que Debucourt, Darcis, Levachez, Jazet… contresigneront. D'autres, comme les croquis pris sur les champs de bataille d'Italie, à la suite du Premier Consul, et que la fine pointe de Duplessis-Bertaux fixera définitivement, constitueront un précieux ensemble de documents graphiques d'une remarquable intelligence historique, et où l'on devine que l'observation de l'artiste s'est portée avec une égale intensité et un égal souci de la vérité, sur la figure et l'attitude des

LA MARCHANDE DE POISSONS (d'après une gravure de Debucourt).

chefs, sur les mouvements des troupes, sur l'aspect des campagnes, sur la nature des terrains...

Ce sont de véritables instantanés historiques dont l'étude est presque indispensable à qui veut connaître dans tous leurs détails les épiques événements de ces époques guerrières.

Le métier de pinceau, si lourd et si pénible chez l'artiste lorsqu'il veut célébrer sur de vastes toiles le triomphe de Napoléon, son premier protecteur, ou les exploits cynégétiques de Charles X, son souverain bien-aimé[1], devient plus libre, plus léger, plus souple dans l'aquarelle. Cer-

Turc conduisant un cheval arabe (d'après une lithographie de Vernet).

taines peintures à l'eau, celles surtout où l'artiste nous montre, sous différents aspects, l'Empereur dans le cadre des bois et des jardins de Fontainebleau, sont d'un coloris charmant. Mais que les traits augustes de l'Empereur sont pauvrement interprétés! Et Cependant Carle sut parfois exprimer avec une réelle force de vérité la figure humaine. Son

La Vielleuse
(d'après une gravure de Debucourt).

[1] Carle, nous dit M. Amédée Durande, était toujours resté fidèle au souvenir des Bourbons, et il accueillit avec joie leur restauration ; aussi fut-il nommé en quelque sorte le peintre officiel de la nouvelle cour, lorsqu'on le chargea de peindre l'entrée de Louis XVIII à Paris et le portrait du duc de Berry en costume de colonel général des chevau-légers.

Pour justifier l'acceptation de ces commandes, dont l'exécution n'ajoute rien d'ailleurs à la gloire de l'artiste, M. Amédée Durande trouve cette conclusion étrange : « La peinture est un terrain neutre ; *toutes les couleurs se trouvent sur la palette*, et l'artiste a, jusqu'à un certain point, le droit de ne pas toujours être conséquent avec l'homme. »

N'oublions pas que le Premier Consul avait puissamment favorisé les débuts de Carle Vernet en lui faisant l'honneur de l'accompagner sur les champs de bataille d'Italie, où l'artiste pût recueillir d'après nature les principaux éléments de ses fameux dessins que devait graver Duplessis-Bertaux. C'est aussi l'Empereur qui au Salon de 1808, devant le *Matin d'Austerlitz*, lui remit la croix de la Légion d'honneur.

groupe de maréchaux dans le *Matin d'Austerlitz* est d'une remarquable tenue et je ne crois pas qu'il existe d'images plus vivantes et plus histo-

ADIEUX D'UN RUSSE A UNE PARISIENNE (d'après une gravure de Debucourt).

riques de Bernadotte, de Bessières et de Murat, que celles que peignit Carle Vernet dans la meilleure de ses toiles.

Mais arrivons à la partie la plus importante de l'œuvre de l'artiste, à celle qui fait surtout sa gloire et qui lui valut une si rapide et si universelle notoriété : nous voulons parler de l'ensemble de ses compositions lithographiques.

Ce ne fut guère que vers 1820 que Carle Vernet exécuta ses premiers dessins sur pierre. De Lasteyrie trouva en lui un de ses plus fervents dis-

Accident de chasse (lithographie de Vernet).

ciples et l'art de la lithographie son plus puissant vulgarisateur. Nul ne pouvait d'ailleurs mieux deviner que Carle Vernet la vraie destination de ce genre qui exige des qualités si françaises : la rapidité de l'observation, la vivacité spirituelle du trait, l'art d'exprimer sous une forme cursive et souvent superficielle des idées parfois très profondes. Ces qualités, nul ne les possédait à un plus haut degré que Vernet.

Dès le Directoire, la verve satirique de Carle Vernet s'était exercée parallèlement à sa verve sportique, dans une série de dessins, de sépias et d'aquarelles, où les mœurs et les travers de cette curieuse époque sont dépeints avec une humeur très spirituelle. Voici la suite des *Incroyables* et des *Merveilleuses* que la gravure et la lithographie ne vont pas tarder à rendre populaires en France et à l'étranger...

Ce fut aussi à cette époque qu'il dessina pour Debucourt ses fameuses études de chevaux, au nombre de quatre-vingts pièces, dont le succès fut considérable; ces épreuves sont encore aujourd'hui très recherchées des vrais amateurs, et classent du même coup Carle Vernet au premier rang

JOCKEY EMPORTÉ PAR SES CHEVAUX (d'après une gravure de Jazet).

des peintres hippiques. Sans doute l'incomparable Géricault devait le surpasser en ce genre, et après des recherches sans fin, découvrir la véritable expression chevaline, dans ce qu'elle a de plus générique, mais il n'en est pas moins vrai que, malgré la prédilection un peu exclusive qu'il paraît avoir pour le pur sang de courses, Carle Vernet a déchiré de son fin crayon la formule classique des nobles coursiers aux croupes massives, aux têtes petites et busquées, et aux jambes de devant éternellement en l'air, sur lesquels caracolent le solennel duc d'Olivarès, les Alexandre, ou les Méléagre de Lebrun, et l'obsédant cavalier en habit bleu de van der Meulen. Il a fixé le premier sur la toile, d'un pinceau sincère et savant, la figure réelle du cheval, et le seul reproche qu'on puisse lui adresser est de s'être trop spécialisé dans une espèce. Ce que dit à ce sujet M. Amédée

Durande est fort juste. « Carle Vernet a renoncé au *Noble Coursier* (cette expression prétentieuse peut seule donner une idée juste de l'animal qui a servi de type à certains peintres) et il a laissé à l'écurie les gros chevaux des maîtres hollandais et flamands[1]. Il consacra ses pinceaux à l'étude de la race qu'en habile écuyer il préférait, et il se fit le portraitiste juré des pur sang. Il poussa même un peu trop loin l'amour de ces bêtes fines et élé-

Le repos du chasseur (d'après une gravure de Jazet).

gantes, car s'il a eu raison de les prendre pour modèles dans ses *steeple* et dans ses chasses à courre, il eût mieux fait d'en choisir d'autres pour ses batailles. Dans l'étude du cheval il devait être surpassé par le plus illustre de ses élèves, Géricault, mais c'est déjà un mérite que d'ouvrir la vraie voie, quitte à léguer à ses successeurs le soin de l'élargir[2]. »

[1] Il est bon cependant de faire observer que Carle Vernet, malgré sa prédilection très marquée pour les chevaux de race fine, anglais, arabes, syriens, persans, hongrois, ne dédaigne pas aussi absolument qu'on veut bien le dire le cheval de trait, le *cheval peuple*, et certaines lithographies comme la *route de postes*, le *marché de chevaux normands*, démontrent victorieusement que Carle Vernet savait exprimer avec un art égal la vigueur massive du cheval et sa frêle et nerveuse élégance.

[2] L'image qui orne la couverture de ce livre nous apprend que Carle Vernet ne se contente pas de faire chevaucher le pur sang anglais par les cavaliers de Paul-Emile, mais aussi de

Voici également sur Carle Vernet, peintre de chevaux comparé en ce genre à Gros et à Géricault, une opinion de Charles Blanc qui mérite d'être citée : « Le cheval que David venait de peindre, portant sur la cime des Alpes le Premier Consul et sa fortune, était un cheval bâtard qui n'appartenait à aucune race. Déjà, sans doute, Carle Vernet avait émancipé les che-

Accident de chasse (lithographie de Vernet).

vaux; il s'était permis de regarder la nature et de copier, non pas des *chevaux peints* mais des *chevaux à peindre;* car avant lui l'École française, sous l'influence des académies, avait adopté et reproduisait assez gauchement un type de coursier venu des batailles d'Alexandre ou trouvé dans les écuries de Van der Meulen. Mais Carle n'avait réhabilité que les races fines, et même en exagérant leur finesse. Son grand mérite fut de leur

modifier bien profondément dans un sens très moderne, les formes olympiennes du *fougueux coursier du Parnasse*. Son Pégase, s'élançant d'un coup d'aile, dans les profondeurs du ciel pour s'y changer en astre, évoque en notre esprit l'image très mouvementée d'un joli étalon syrien, les ailes en plus.

donner de l'élégance et de la vie. Gros leur donna de la vigueur et de la race : il comprit le cheval comme un élève de David pouvait le comprendre, c'est-à-dire noble et de pur sang. En attendant que Géricault osât ennoblir sa robuste monture du peuple, Gros fit du cheval arabe le compagnon de tous ses héros. Lui-même, du reste, avait conscience de sa supériorité en ce

ACCIDENT DE CHASSE (lithographie de Vernet).

genre, et dans son langage pittoresque et fringant il disait à propos de Vernet : « Un de mes chevaux mangerait six des siens... »

Jamais peintre n'aima le cheval avec plus de passion que Vernet et ne le peignit avec plus d'amour. A vingt ans il était un des cavaliers les plus accomplis de son temps, et ses premiers essais au crayon, comme ses derniers croquis, furent des études de chevaux, études de détail, études d'ensemble. Le cheval, il le sait par cœur, du chanfrein au paturon, de la croupe au boulet. Dans la représentation de toutes ces scènes de chasse, de course et de vénerie où il excelle, Carle n'a jamais été surpassé, même en Angleterre, ce pays classique de la peinture sportive.

Mais aussi que d'infinies et incessantes recherches pour arriver à la réalisation si rapide et si sûre du sujet. Pour s'en convaincre il suffit de feuilleter les cartons où s'entassent ses pénétrantes études anatomiques du cheval, fixées d'un crayon si consciencieux, et ces albums de poche où fourmillent tant de vivants croquis hippiques et autres pris d'après nature, et où l'on retrouve en germes les chefs-d'œuvre futurs. C'est sur ces pages volantes, pieusement conservées par la famille, qu'apparaît le mieux, dans

ACCIDENT DE CHASSE (lithographie de Vernet).

toute sa séduisante originalité, le talent si primesautier, si français, de Carle Vernet, qui, comme on l'a dit avec raison, a su donner à l'art de Callot un caractère nouveau, moins fantastique, mais non moins spirituel.

L'un de ces carnets celui qu'il portait en poche lors de son départ pour Rome (octobre 1782) est fort curieux à consulter. Non seulement il renferme de nombreux dessins du plus vif intérêt : études de cheval, caricatures, silhouettes d'amazones, croquis de harnais et de bottes, paysages, scènes tragiques et comiques, empruntées au théâtre de Racine et de Molière, mais encore des notes écrites d'un indiscutable intérêt biographique.

En voici une qui porte pour simple titre *Souvenir* et que Vernet rédigea d'ailleurs sur ce même carnet, assez longtemps après son retour de Rome. Elle mérite, croyons-nous, d'être mentionnée :

Chocolat que le citoyen Vellong m'envoye pour payement d'un tableau que je dois lui faire.

Vers la fin thermidor.	2 livres.
Le 15 fructidor.	6 —
Vendémiaire.	6 —

LE MARCHAND DE CHEVAUX NORMANDS (d'après une gravure de Charon).

On se prend à regretter de ne pouvoir connaître ce tableau exécuté pour 12 livres de chocolat, payées en trois acomptes.

Sur ce même carnet nous découvrons une opinion médicale, fort intéressante, rédigée tout entière par la main même de l'artiste. Elle explique fort bien l'affection nerveuse dont il souffrit plusieurs fois dans son existence et qui se manifestera au début et à la fin de sa carrière par de si étranges crises de mysticisme.

« Monsieur Carle Vernet est né avec une constitution très sensible. Les remèdes très actifs ne lui conviennent pas. Sa constitution ne comporte pas l'usage des purgatifs. Il ne supporte pas plus facilement les grands lavages. Il est fort sujet à des maux d'estomach (sic) pour lesquels il a fait usage de différentes espèces de remèdes. Il n'a éprouvé de soulagement que dans l'usage d'un mélange de rhubarbe concassée et de semences d'anis qu'il mâchait tous les matins à la dose de huit grains chaque fois et pendant bien du tems.

Les AVEUGLES (d'après la gravure de Debucourt).

« Il faut être en garde contre son moral qui m'a paru jouer un grand rôle dans toutes ses affections[1]. »

[1] Les premières pages de ce carnet sont consacrées à la nomenclature des objets de toilette emportés par Carle Vernet à Rome.
Voici d'ailleurs la reproduction textuelle de ce curieux document que nous publions ici à simple titre de curiosité et pour montrer quel souci avait de sa mise extérieure notre fringant artiste, qui déjà à cette époque était considéré comme un des princes de la jeunesse dorée :

État des objets que j'ai emportés, tant dans ma malle, que sur moi, lors de mon départ pour Rome, au mois d'octobre 1782.

24 chemises neuves.	bas de soye noirs.
1 habit violet, la veste pareille.	bas de soye gris.
23 chemises vieilles.	bas de fil blanc.
24 cols neufs.	5 bandeaux.
18 cols vieux.	5 mouchoirs vieux.
12 cravates.	6 culottes blanches.
12 mouchoirs de batiste.	10 gillets blancs.
36 mouchoirs à moucher.	7 gillets d'indienne.
mouchoirs de soye.	5 culottes de nankin.
bas de soye blancs.	6 caleçons.

Oh! c'est bien ça... (d'après la gravure de Debucourt).

Nous avons dit qu'il fut dans la peinture militaire et hippique un véritable réformateur. On peut aussi le considérer comme le père de la caricature moderne, bien qu'à proprement parler sa satire de mœurs se borne

2 robes de chambre et leurs gillets.
1 pantalon rayé.
1 habit noisette, veste pareille, collet aurore.
1 habit gris mélangé.
2 gillets jaunes.
1 gillet de drap rouge.
1 gillet noir bordé en or.
1 gillet blanc brodé en or.
1 gillet prune de Monsieur, à petites fleurs.
1 gillet de satin zébré.
2 gillets de coutil de soye.
1 gillet noir.
2 culottes noires.
2 culottes de velours de coton merd-d'oye.
1 culotte de drap de coton merd-d'oye.
1 frac noir.
1 habit suie de cheminée.
1 habit noisette.
1 habit gris de fer à boutons noirs.
1 habit brun à collet cramoisi.
1 habit habillé, couleur de chair.
1 habit de tricot noir, veste pareille.
1 habit rouge, collet verd (sic).

1 habit rouge, collet noir.
1 habit bleu, veste pareille.
1 habit de velours bleu, culotte pareille, veste de satin brodé.
1 habit de ratine carmélite, veste pareille.
1 habit de soye bleu de roy, veste brodée.
1 habit blanc et gris de lin, veste et culotte pareille.
1 gillet de tricot rayé bleu.
1 gillet de tricot zébré.
1 gillet de tricot aurore et verd.
1 gillet de satin beurre frais.
1 gillet de satin verd.
4 gillets de peau.
1 habit blanc.
2 paires de bottes neuves.
1 paire de vieilles.
1 paire de brodequins.
23 paires de souliers.
2 paires de galoches.
2 paires de pantoufles.
1 gilet de satin rose.

Voilà un inventaire de garde-robe propre à faire rêver les jeunes bourgeois les plus élégants de la fin du xixe siècle.

presque toujours à une exagération comique des formes et à une burlesque, mais non grossière interprétation des traits, des mouvements et des attitudes. Les *Cris de Paris* font pressentir Traviès qui, sauf toutefois dans le *Rempailleur de chaises*, nous les montrera bientôt plus grimaçants, plus dou-

Le coup de vent (d'après la gravure de Debucourt).

loureux, plus dépenaillés. Bien avant Charlet, Carle Vernet nous avait fait assister aux idylliques effusions des bonnes d'enfants et des toulouroux, et Decamps, comme on peut s'en convaincre par la fameuse danse des chiens, une des plus belles pièces de l'œuvre humoristique de Vernet, ne fut pas le premier à décrire du bout de son lumineux crayon les amusantes pirouettes des singes et des chiens savants...

Gavarni lui-même qui, plus que tout autre, avait une parenté d'élégance avec le peintre des Incroyables et des Merveilleuses, n'a-t-il pas subi l'influence de Vernet? Qui pourrait le nier?

Assurément non, Carle Vernet ne fut pas un grand peintre, même lorsqu'il tenta de glorifier tour à tour sur d'immenses toiles Paul-Emile, Bonaparte, Patrocle et Louis XVIII, et nous ne saurions lui assigner une place entre Gros et Géricault. Marengo pâlirait singulièrement dans le double rayonnement du *Champ de bataille d'Eylau* et du *Naufrage de la Méduse*. Mais là où il excella, mais là où il est demeuré inimitable, c'est dans l'art

LE JOUR DE BARBE D'UN CHARBONNIER (d'après la gravure de Debucourt).

de fixer d'un crayon rapide, sous une forme toujours spirituelle et vivante, les résultats de ses incessantes observations. Car Vernet observait sans cesse, sur les champs de bataille d'Italie, au théâtre, à la croix de Berny ou sur le Corso de Rome, dans les chasses de Raincy, au patinage, au Palais-Royal, dans les fameuses galeries de bois qu'on appelait le *Camp des Tartares*, et où Muscadins et Incroyables observaient à la loupe les charmes légèrement voilés des beautés du jour... Toujours il avait l'œil grand ouvert sur les détails caractéristiques et pittoresques des choses. Et bien vite son alerte crayon notait la juste et fugitive impression. Il ne fut pas seulement le chroniqueur bien renseigné des modes de l'époque, et ses compositions légères ne se bornent pas à nous donner le dessin des bottes à retroussis, du frac de l'an VII et de l'habit de ratine carmélite... Mais aussi l'exacte physionomie de la vie militaire, mondaine et populaire, sous le Directoire, sous le Consulat, sous l'Empire et sous la Restauration. Toute la vie

LA TOILETTE D'UN CLERC DE PROCUREUR (d'après la gravure de Debucourt).

héroïque, toute la vie élégante et folle, folle parfois jusqu'à l'extravagance, de ces époques passées est décrite dans le plus pur français sur les innombrables feuillets de ses albums. Voici les *tableaux historiques*, l'amusante suite des *Incroyables* et des *Merveilleuses*, les admirables études de chevaux, les scènes de course et de chasse, les cris de Paris, cette étonnante série d'études de types populaires, puis le défilé grotesque, en une suite de superbes estampes, de tous ces guerriers sauvages que l'inva-

LA DANSE DES CHIENS (d'après une gravure de Levachez, fils).

sion amenait à Paris, et dont l'artiste a d'un crayon vengeur éternisé les physionomies grossières et brutales.

Ici sa verve de caricaturiste se manifeste en pleine liberté et c'est avec une satisfaction malicieuse qu'il se plaît à livrer au ridicule « nos bons amis les ennemis », comme les appelait Bérenger. *Militaires anglais, Tam-*

La marchande de coco (1815) (d'après la gravure de Debucourt).

bours russes, *Officiers prussiens*, la *Promenade anglaise*, le *Cosaque galant*, les *Anglais à Paris*, la *Partie de plaisir*, les *Adieux d'un Russe à une Parisienne*... sont autant de petits chefs-d'œuvre.

Et Vernet, pendant ces heures tristes et douloureuses, ne se contentait pas de ridiculiser les grossières allures de nos vainqueurs, mais il notait aussi, d'un trait sûr, les physionomies de leurs compatriotes accourus dans Paris envahi pour insulter encore par leur présence tapageuse à notre douleur. Ah ! ces groupes d'Anglais en quête d'émotions patriotiques le long des Champs-Élysées transformés en bivouacs ! Êtres difformes et ridiculement accoutrés, grotesques de vanité, lâchement hilares, au milieu de l'Europe entière campée sur nos ruines ! Vernet les a décrits pour toujours et ni Gillray, ni Rowlandson ne réussiront eux-mêmes à exprimer avec

Le galant cosaque (1815) (d'après la gravure de Debucourt).

une plus vivante intensité la morgue pesante et la plastique carnavalesque de leurs compatriotes.

C'est aussi vers cette époque que Vernet, utilisant le procédé lithographique qui, grâce aux persistants efforts de Lasteyrie, commençait à se répandre, publia en outre de nombreuses scènes de chasse et de sport, soixante-quatre pièces consacrées aux *Fables* de La Fontaine. Ce n'est pas là d'ailleurs, il faut le reconnaître, la meilleure partie de son œuvre.

A cet artiste essentiellement primesautier, il fallait, pour que sa faculté native pût se manifester avec esprit, la vision immédiate du sujet. Le dessin des illustrations de La Fontaine est trop souvent pénible et lourd, et la conception manque parfois d'ingéniosité. Carle Vernet semble s'être fait illusion sur la valeur de ces compositions, car il les dédia à

MILITAIRES DE LA GARDE IMPÉRIALE RUSSE ET ALLEMANDE (1815).
(D'après la gravure de Debucourt.)

Louis XVIII. Le souverain fut d'ailleurs très satisfait de l'hommage de l'artiste puisqu'il l'en remercia en le nommant chevalier de l'ordre de Saint-Michel.

En 1827, Horace Vernet, qui avait déjà siégé à côté de son père à l'Institut, comme Carle avait lui-même siégé près de Joseph, fut nommé directeur de l'École de Rome. Carle, qui ne pouvait plus se passer de son fils, et dont l'affection paternelle était devenue presque tyrannique, crut devoir accompagner Horace [1].

Il emporta même une immense toile, à peine ébauchée; le vieux peintre se proposait d'y représenter Louis XVIII allant rendre grâces à Dieu dans l'église Notre-Dame. Cette toile ne fut jamais terminée.

RENCONTRE D'OFFICIERS ANGLAIS (d'après la gravure de Debucourt).

Phénomène étrange ! Les sentiments d'excessive dévotion qui s'étaient emparés de lui lors de son premier séjour à Rome et qui avait donné sur l'état de sa raison de si vives inquiétudes à son père, se manifestèrent de nouveau. Horace en fut troublé et, afin de prévenir un dénouement fatal, l'enleva à l'atmosphère mystique de la ville sainte pour le reconduire à

[1] « Toute sa vie s'était concentrée dans son amour pour son fils, amour inquiet, exigeant, jaloux comme celui d'une maîtresse. » (Amédée Durande.)
Voici un passage d'une lettre de Mme Horace Vernet. Cette lettre est datée de Rome (1833). «... Laisser Horace seul avec son père, écrit-elle, c'est absolument abandonner une victime à son oppresseur. Les exigences de ce pauvre vieillard sont inouïes; eh bien, il faut y céder. Horace s'y soumet avec une piété toute filiale... »

Paris. C'était l'unique remède à employer pour sauver la raison chancelante du vieillard.

Carle Vernet, bien qu'âgé de soixante-quinze ans, y reprit bien vite ses habitudes de vie élégante et mondaine. On le revit encore caracoler au Bois de Boulogne et il passait la plupart de ses soirées au café de Foy.

Les Anglais a Paris (d'après la gravure de Debucourt.)

Une congestion pulmonaire l'emporta brusquement le 17 novembre 1836. Il était âgé de soixante-dix-huit ans.

Un critique un peu sévère a dit de Carle Vernet qu'il fut un conteur amusant, incapable de creuser son sujet, mais très apte à l'exprimer avec esprit et grâce.

Ajoutons qu'il fut admirable de fécondité et de verve et que son œuvre remplie de toutes les plus brillantes qualités du génie de notre race, demeurera, sous sa forme spirituellement anecdotique, comme une vivante et fidèle peinture des mœurs françaises à la fin du xviiie siècle et pendant la première moitié du xixe.

On raconte qu'au moment de rendre le dernier soupir il laissa tomber de ses lèvres ces mots touchants : « C'est singulier comme je ressemble au Grand Dauphin : fils de roi, père de roi... et jamais roi. »

Il y a dans ce suprême jugement porté sur lui-même, par l'artiste, spirituel jusque dans la mort, une bien grande part de vérité ! Ce fut en réalité un croquiste de génie et son fils Horace l'a fort spirituellement présenté à la postérité dans ce dessin léger, mais définitif, où il nous le montre, son légendaire carnet à la main, esquissant d'un crayon rapide des silhouettes de cavaliers qui passent au galop.

COSAQUE CONDUISANT UN CHEVAL (lithographie de Carle Vernet).

CARLE VERNET, par Mme Vigée-Lebrun
(Gravure de M. Romagnol. Collection de M. Antonin Proust.)

Horace Vernet (d'après Paul Delaroche). (Appartient à M. Delaroche-Vernet.)

HORACE

Des trois Vernet, Horace est le plus populaire. Et cela vient uniquement de ce qu'il fut, par excellence, le peintre du troupier.

Rien ne séduit plus la foule que la représentation des scènes militaires. Elle l'attire comme le régiment qui passe, tambour et musique en tête, attire le citadin badaud et l'exalte.

Le secret de l'immense popularité d'Horace Vernet est dans la fécondité de ses productions claironnantes et surtout dans l'opportunité de leur apparition.

Toutes ces grandes images guerrières, d'un effet si immédiat, soit qu'elles représentassent l'héroïsme des heures passées, comme les batailles de Fontenoy, de Valmy, de Wagram, de Friedland, ou les triomphes pré-

CRAVATE A OREILLES DE LIÈVRE, HABIT VERT SAULE, CULOTTE DE CASIMIR
(Série des Incroyables. Gravure de Gatine.)

sents comme les prises de Rome, d'Anvers et de Constantine, impressionnèrent vivement le grand public, dont le sentiment patriotique souffrait depuis le traité de Paris, et ne trouvait qu'une insuffisante consolation dans les charges spirituelles de Carle Vernet contre les officiers anglais, prussiens et cosaques, qui campèrent sous les arbres des Champs-Élysées.

La précocité artistique d'Horace Vernet ne fut pas moins grande que celle de son père et de son grand-père.

Dès 1807, date de sa sortie de l'école des beaux-arts où il ne se distingua, d'ailleurs, ni par son application, ni par son assiduité, le futur peintre de la *Smalah* se mit, avec une incroyable facilité, à imiter tout ce qu'il avait vu, pastichant les marines de son grand-père, les scènes de sport et de chasse de Carle, couvrant les pages de ses albums de charges

COIFFURE CHINOISE, ROBE GARNIE EN CHICORÉE
(Série des Merveilleuses. Gravure de Gatine.)

très amusantes de la vie militaire et de grotesques silhouettes de Merveilleuses et d'Incroyables, et fixant d'un trait spirituel et fin, qu'il rehaussait de teintes délicates, de très précieuses figures de modes. Tels furent les débuts d'Horace Vernet[1].

[1] L'*Art-Journal* de Londres publia jadis sur Horace Vernet une notice dont nous détachons les lignes suivantes relatives aux débuts du peintre : «... A l'âge de onze ans, il fit, pour Mme de Périgord, un dessin de tulipe qu'elle lui paya vingt-quatre sols, et à l'âge de treize ans, il avait des commandes en assez grande quantité pour se suffire à lui-même. Une de ses premières

L'historien d'art peut vraiment s'appuyer aujourd'hui sur de nombreux éléments de discussion pour juger ce peintre dont l'œuvre est en grande partie connue de tous, après avoir été analysée en détails, chaque année pendant près d'un demi-siècle, par des salonniers d'opinions très divergentes, depuis M. Beulé jusqu'à Henri Heine, depuis Gustave Planche

TOQUE DE VELOURS,
WITZ-CHOURA DE SATIN
(Série des Merveilleuses. Gravure de Gatine.)

CHAPEAU DE PAILLE GARNI DE CRÊPE,
ROBE DE PERCALE GARNIE DE MANILLE
(Série des Merveilleuses. Gravure de Gatine.)

jusqu'à Théophile Gautier, en passant par Proudhon, Thiers, Alfred de Musset, Thoré.

Et parmi les documents qui nous viendront en aide, dans l'étude de l'artiste et de son œuvre, il en est un des plus intéressants dont nous

œuvres fut la vignette qui, suivant le goût de ce temps, ornait les lettres d'invitation pour les parties de chasse impériales; et tel en était le mérite, qu'un graveur d'une grande réputation, Duplessis-Bertaux, n'hésita pas à la déclarer digne de son propre burin:

« Les commandes abondent rapidement chez le jeune Vernet : dessin à six francs, tableaux à vingt francs. Il travaillait principalement pour le *Journal de modes*; dont il devint le dessinateur en titre; et c'est peut-être de ces travaux dans ce genre que lui vient ce talent de caricature, dont il amuse, même encore, ses amis intimes, souvent à leurs propres dépens. »

RAPHAËL AU VATICAN.
(Gravure de M. Romagnol. Musée du Louvre.)

devons la précieuse communication à l'obligeance de M. Horace Delaroche-Vernet.

C'est un état complet, depuis le 15 avril 1811 jusqu'au 18 mai 1852, des travaux exécutés par Horace Vernet. Les prix de vente ou de commande y sont exactement indiqués, et rien n'est curieux à suivre comme l'ascension rapide de l'artiste vers le triomphe, à travers la lecture de ces chronologiques indications et de ces chiffres méthodiquement alignés.

Certes, dans cette nomenclature aride et sèche, l'historien ne trouve pas matière à des déductions psychologiques comme dans le *Livre de raison* de Joseph Vernet, où parfois la pensée accompagne le fait et le commente ; mais il y puise d'inappréciables renseignements sur les travaux de l'artiste, sur ses efforts de chaque jour, et sur les dates précises de l'exécution définitive des œuvres qui font sa gloire, comme la *Barrière de Clichy*, *Mon atelier*, le *Portrait du frère Philippe*, l'*Assaut de Constantine*[1].....

Si Carle Vernet était toujours demeuré fidèle à la maison des Bourbons, Horace, lui, avait gardé au fond de son cœur le souvenir du grand Empereur.

Sa jeunesse n'avait-elle pas été bercée au bruit de la gloire impériale, et, quoique marié, n'avait-il pas saisi le fusil en 1814, pour lutter sous les ordres de Napoléon contre les armées de la Sainte Alliance. Il était aussi, avec son ami Charlet, parmi les intrépides défenseurs de la barrière de Clichy, et il n'eût, comme on l'a dit, qu'à reporter sur la toile les impressions qu'il avait ressenties pendant cette terrible journée pour produire un de ses meilleurs tableaux.

Ainsi s'explique et se comprend sa passion pour un genre de peinture qui est la reproduction des sujets qui ont le plus vivement impressionné sa

---

[1] Ce curieux document figure, à titre d'appendice, à la fin de cet ouvrage, sous cette rubrique :

Horace Vernet, marié avec Louise Pujol le 15 avril 1811
A reçu des travaux exécutés par lui.

La pièce entière est de la main de Mme Vernet, la première ligne nous apprend que le jeune ménage avait en caisse 338 fr., 60, le 15 avril 1811. A la fin de cette même année, Horace Vernet avait gagné, avec la vente de ses dessins, de ses gravures de modes, de ses caricatures, de ses transparents, etc., la somme de 3.843 fr. 60. Ce fut pendant cette première année qu'il exécuta les trois portraits à l'huile de M. de Carignan, de Mme Dusandronis, et de M. Danèse, qui lui rapportèrent à eux trois la somme de 12.000 francs. Il faut ajouter qu'en 1833, le portrait de la marquise de Dalmatie lui était payé 5.000 francs, et en 1842 celui du chancelier Pasquier 10.000. En définitive, c'est par plusieurs millions que se chiffrent les sommes gagnées par Horace Vernet à la pointe de son facile pinceau.

jeune imagination. Après avoir assisté et pris une part active à la lutte héroïque contre l'invasion, il ne lui était plus possible d'échapper à l'obsédante vision des combats. Adieu la satire légère et la fine peinture des élégances mondaines ! Il n'aura désormais plus d'autre ambition que d'être le peintre national de la grande épopée guerrière et de dresser au centre

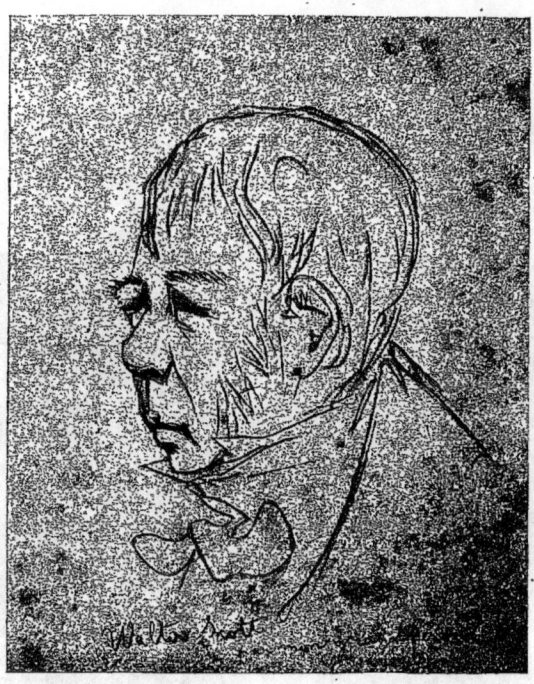

WALTER SCOTT (d'après un croquis original au crayon).
(Collection de M. André Delaroche-Vernet.)

de ses tumultueuses compositions, au milieu des frissons des drapeaux, des éclairs des baïonnettes et des rouges lueurs des canons, la tragique figure de son héros, de son Dieu.

Tant que vécut l'Empire et jusqu'à la fin des Cent-Jours, Horace Vernet, à qui l'Impératrice Marie-Louise avait même commandé quelques tableaux, put librement exprimer sur la toile ses préférences et exposer ses compositions napoléoniennes aux yeux du grand public, près duquel son genre facile, sa peinture très objective, obtenait une rapide faveur. Mais, à partir de 1815, la sympathie officielle se détourna de l'artiste, quand le gouvernement des Bourbons fut convaincu, après maintes tentatives inutiles, que la foi napoléonienne d'Horace Vernet était alors irréductible. Et, pendant que Carle devenu à la suite d'un revirement de la fortune politique de la France, le peintre officiel de la nouvelle cour, acceptait la mission officielle de peindre l'entrée de Louis XVIII à Paris et de faire le portrait du duc

« Mon atelier » (d'après le tableau d'Horace Vernet).

de Berry en costume de colonel général des chevau-légers, Horace voyait ses tableaux refusés *par ordre* au Salon.

A tort ou à raison, à tort plutôt, son atelier, son fameux atelier de la rue des Martyrs qui a servi de sujet à une de ses meilleures toiles, d'une facture fine, serrée et d'un coloris charmant, était considéré par la police des Bourbons comme un véritable foyer de révolte. Horace Vernet, qui fut tour à tour républicain farouche, puis impérialiste enthousiaste, n'était en réalité qu'un inoffensif frondeur. « Il a eu foi, nous dit un de ses biographes les mieux renseignés, dans tous les gouvernements qui se sont succédé depuis le commencement du siècle ; mais aussitôt qu'un pouvoir quelconque a voulu lui imposer des avis contraires aux idées qu'il croyait avoir, il s'est redressé dans sa fierté, et n'a jamais transigé. »

Parlant de la toile où Horace Vernet a représenté son atelier et les *conspirateurs* qui le fréquentaient, Edmond About écrit en 1855, époque où cette œuvre figura avec éclat à l'Exposition universelle : « On pourrait intituler ce tableau : *L'Art et les artistes sous la Restauration*. C'est une spirituelle et charmante composition pleine de brio et d'entrain. Au milieu de l'atelier, deux peintres : Horace Vernet lui-même, sa cigarette à la bouche, tenant d'une main sa palette et son appui-main, et de l'autre un fleuret, faisant des armes avec son élève Lédieu, ex-lieutenant au 85e de ligne.

Deux boxeurs, nus jusqu'à la ceinture, Montfort et Lehoux, se chauffent à un poêle de faïence, près d'eux le colonel Bro fume un cigare et cause avec Langlois, le peintre de panoramas. Un autre, étendu sur une table, souffle dans un cornet à piston ; c'est Eugène Lami, l'aquarelliste. Celui-ci bat du tambour, celui-là fait jouer un gros chien ; cet autre, coiffé d'un bonnet de police, lit un journal. Tout à fait à gauche, un jeune artiste, Robert Fleury, peint sous les yeux du comte de Farbin. Au fond un cheval blanc, établi dans une espèce de loge, pose tranquille, au milieu du tapage, pour un tableau d'histoire ; une gazelle semble effrayée par les aboiements d'un bouledogue, et un singe, grimpé sur les épaules d'un monsieur, lui épluche la tête. Les murs sont ornés de chapeaux, d'uniformes, de harnais, de casques, de tout l'attirail du soldat, d'instruments de musique et d'un buste en plâtre, coiffé par les rapins d'un shako. Une chèvre, un chat, une perruche complètent ce capharnaüm. »

Complétons, nous aussi, cette description cependant si détaillée, en disant que le personnage qui, dans une attitude shakespearienne, examine une tête de mort, est le docteur Hérault, que le groupe des causeurs est composé par MM. de Léonne, le général Boyer, le baron Athalin, M. de Lariboisière (qui devint le propriétaire de la toile), du graveur Jazet et de M. Couturier de Sainte-Claire. Le pianiste s'appelle M. Amédée de Beauplan, et c'est M. de Montcarville qui bat la caisse avec tant d'acharnement.

Il faut reconnaître que les conspirateurs de la rue des Martyrs ne se sont pas fait du recueillement une loi absolue pour mener à bonne fin leurs ténébreuses et subversives machinations.

Peut-être aurons-nous fourni assez d'éclaircissements sur les divers éléments de cette composition aussi orageuse que complexe en apprenant

Mlle Mars (appartient à M. Delaroche-Vernet).

que le cheval blanc répondait au nom de *Régent*, qu'il fut donné par le duc d'Orléans à Horace Vernet, que la grande toile qui orne le fond de l'atelier n'est autre que le fameux *Triomphe de Paul-Émile*, par Carle Vernet.

Ce fut au commencement de l'année 1820 qu'Horace Vernet accompagna son père en Italie L'absence des deux artistes, qui dura quelques semaines à peine, paraît avoir été surtout un pieux pèlerinage, avec des haltes recueillies, le long des routes suivies par Joseph Vernet.

Quelques lettres écrites par Horace pendant ce voyage ont été conservées, et la plupart, sous leur forme fruste, trop souvent négligée mais toujours pittoresque, offrent un réel intérêt psychologique, car l'âme de l'artiste, âme d'ailleurs peu compliquée, s'y montre nettement. Pour qui désire connaître intimement Horace Vernet, aucune lecture ne peut être plus utile que la correspondance de cet artiste publiée par M. Amédée Durande. On y suit Horace en Italie, à Jérusalem, dans le désert d'El-Arisch en Égypte, à Constantinople, à Saint-Pétersbourg, dans le Caucase, en Algérie, au Maroc, en Espagne... etc.

Le peintre s'y trouve tout entier, avec ses généreux enthousiasmes, sa franchise militaire, sa nerveuse impressionnabilité et aussi ses présomptueuses affirmations.

Jamais personnalité ne déborda d'une correspondance avec plus de vérité bruyante. La lecture de cette suite de lettres à laquelle nous ferons quelques emprunts topiques est réellement fort intéressante. Elle amuse et instruit. L'histoire de sa mission diplomatique à Saint-Pétersbourg en 1842 mérite de fixer sérieusement l'attention de l'historien, et le pittoresque récit de ses velléités chorégraphiques en Andalousie est fait pour dérider le lecteur le plus mélancolique.

Voici en quels termes Horace Vernet résume les impressions que fait naître en lui son premier séjour à Rome [1] :

« Mon cher Oncle,

« Que de remerciements ne te dois-je pas pour la lettre que tu nous as adressée à Rome ! Tu sais combien on se trouve heureux, quand on est éloigné, de recevoir des nouvelles des personnes qu'on aime ; tu dois juger de mon bonheur en recevant des tiennes. Nous faisons un charmant voyage, et, ce qu'il y a de très remarquable, c'est que mon père

---

[1] Cette lettre qui fait partie de la collection d'autographes de M. Chambry a été publiée pour la première fois dans le livre de M. Amédée Durande sur Horace Vernet (J. Hetzel, éditeur).
Elle est adressée au fils aîné de Joseph Vernet, Livio qui, fut tour à tour receveur général du tabac à Avignon, directeur des vivres de la marine à Brest, puis agent en chef des équipages des vivres des armées du Nord et de Sambre-et-Meuse.

n'est pas trop exigeant, et que nous sommes en très bonne intelligence.

Le peintre Isabey (musée du Louvre).

Aussi, tu vois que rien ne me manquerait, si vous étiez tous avec nous...
 « Je vais me mettre à peindre. J'en ai grand besoin ! Tu penses que,

dans ce beau pays qui a inspiré tant de peintres, je ne puis rester sans en ressentir l'influence, et j'espère que mon premier essai me réussira. Je compte faire *la Massa*, ou, autrement dit, le départ des chevaux aux courses du carnaval. A propos de carnaval, vous en avez eu un bien triste à Paris. Quelle catastrophe [1] !

« Nous n'en avons appris la nouvelle qu'à Naples : mon père en a été foudroyé. Tu sais quelles étaient ses liaisons avec le prince, et tu juges de l'effet qu'a dû produire sur lui un pareil malheur...

« Nous avons assisté au service qui a eu lieu à Saint-Louis des Français ; cette cérémonie peut être bonne pour l'âme du malheureux défunt, mais, pour ceux qui y assistent elle est du plus grand ridicule, surtout en Italie, où ça a plus l'air d'une fête que d'une cérémonie funèbre.

« Quand serons-nous assez philosophes pour pleurer sans ostentation et sans mettre nos regrets en musique ?

« J'espère tirer un grand fruit de mon voyage, non seulement sous le rapport de l'art, mais aussi pour la connaissance que j'ai acquise de moi-même. C'est dans le choc des passions qu'on définit celles qui doivent vous mener à bien, ou celles qui doivent vous maintenir dans une fausse route. Je fais là-dessus mes observations et je compte en tirer un bon parti.

« D'ailleurs, il est temps de penser sérieusement, car l'âge arrive sans qu'on s'en doute, et, lorsqu'on veut faire un effort pour devenir meilleur, les forces vous manquent et l'âme ne peut pas plus se redresser que les reins...

« Nous avons fait plusieurs courses pour voir les maisons que mon grand-père a habitées, celle où tu es né et l'église où tu as été baptisé. Toutes ces choses ont un grand charme pour moi. Je regrette de ne pouvoir te le faire partager, mais ma mauvaise éducation me refuse le moyen d'exprimer ce que je sens.

« Les termes me manquent, et quand par hasard ils arrivent, souvent je ne sais comment les écrire, alors le dépit me prend, je quitte la plume, et je remets à mes actions le soin de prouver à ceux que j'aime que je ne vis que pour eux, et que mon plus grand bonheur est quand je m'aperçois qu'on n'y est pas indifférent...

---

[1] L'assassinat du duc de Berry.

BATAILLE DE VALMY
(Gravure de M. Romagnol. Collection de M. Scott.)

« Voici une longue lettre bien ennuyeuse ; mais tu sais que le cœur a besoin de se vider quand il est trop plein. Pardonne-moi, si j'ai choisi le tien pour recevoir la *potée*...

« Adieu, mon bon oncle, je n'ai pas besoin de te dire combien tu m'es cher ; c'est une vieille chose que tout le monde sait ; aussi je me bornerai à t'envoyer une embrassade de trois cent soixante lieues de long.

« HORACE VERNET. »

Nous ne soumettons pas cette lettre au lecteur comme un modèle de style épistolaire, oh non ! mais étant donnés le lieu et la date où elle fut écrite, sa publication nous semblait utile. Le jeune artiste s'y montre en effet, en toute franchise, avec la conscience de sa propre faiblesse vis-à-vis des maîtres, avec son vif désir de travailler enfin. « Je vais me mettre à peindre. J'en ai grand besoin !... » Et sous une forme d'une mélancolie souriante, se manifeste son regret très réel d'une mauvaise éducation « *qui lui refuse le moyen d'exprimer ce qu'il veut* ».

Et cependant, avant deux ans, ce timide, cet hésitant, à la suite d'une exposition retentissante où figureront les meilleures toiles de son œuvre,

NAPOLÉON A WAGRAM

Mon Atelier, la *Défense de la barrière de Clichy*, le *Cheval du trompette*, fera brusquement un saut en pleine gloire.

Nous n'avons pu, malgré nos nombreuses investigations, savoir s'il exécuta à Rome, comme il en avait l'intention, un tableau inspiré par les courses de *barberi* sur le Corso, mais si la *Massa* ne figure pas sur l'état des travaux qu'il exécuta de 1811 à 1852, nous y trouvons, en date d'avril 1820, cette mention :

« Reçu pour le prix d'un tableau de genre : 400 francs. » Ce qui prouve

BONAPARTE AU PONT D'ARCOLE

qu'Horace sut réaliser ses projets, et mettre sérieusement à profit son séjour à Rome.

Qui sait d'ailleurs si cette toile, trop vaguement désignée, et dont l'importance est cependant indiscutable, n'était pas la *Massa* elle-même?

M. Amédée Durande, d'ordinaire si bien renseigné, ne nous dit rien de précis à ce sujet. Il nous apprend seulement que pendant son séjour à Rome Horace Vernet peignit un tableau que M. le duc de Blacas, ambassadeur de France à la cour de Naples, lui paya 4.000 francs. Le biographe ajoute que l'artiste, n'étant pas homme à faire des économies, acheta aussitôt une calèche, dans laquelle il revint à Paris avec son père, en flânant tout le long de la route.

Les années 1820, 1821 et 1822 comptent parmi les plus laborieuses et les plus fécondes de la laborieuse et trop féconde existence du peintre. Le voyage d'Italie, la contemplation des grands maîtres, la moisson de souvenirs

NAPOLÉON A LA BATAILLE D'IÉNA (gravure de M. Romagnol, d'après la peinture originale).

touchants faite le long des chemins lumineux parcourus par l'illustre grand-père, semblent avoir eu le plus heureux effet sur le moral du jeune artiste. Ils exaltèrent son activité naturelle et donnèrent un plus libre essor à ses rêves de gloire.

Une providentielle circonstance, dont Horace Vernet sut d'ailleurs très habilement tirer parti, favorisa singulièrement son ascension vers la grande célébrité.

En 1822, le peintre envoya au Salon un certain nombre de toiles représentant pour la plupart des sujets empruntés aux guerres de la Révolution et de l'Empire. Il est inutile de dire que chaque tableau était une glorification des deux grandes épopées militaires.

Sachant combien le trône était encore chancelant, et, redoutant tout ce qui était de nature à provoquer une explosion du sentiment populaire très visiblement favorable à la cause napoléonienne, ou même une simple manifestation de l'opinion en faveur du régime déchu, Charles X donna l'ordre de refuser l'admission des toiles du peintre.

La réponse de celui-ci ne se fit point attendre. Malgré les objurgations de son père, il ouvrit avec éclat les portes de son atelier au public, et debout lui-même, dans son pittoresque costume de travail, à la porte du sanctuaire, il lui dit : « Entre et regarde. »

« Rien, dit Amédée Durande, n'avait été négligé pour la mise en scène. Un petit tableau représentant le *Tombeau de Napoléon* était entouré d'un crêpe. Aussi était-ce devenu le but d'un pèlerinage quotidien pour tous les débris de la grande armée.

« Le local dans lequel cette exposition était faite lui donnait un attrait de plus. Le Parisien aime à pénétrer chez les gens célèbres, quitte à payer ensuite, par des épigrammes, l'hospitalité d'un instant qu'il a reçue... »

En réalité, cette exposition particulière qui consacra définitivement la réputation d'Horace Vernet, ne fut pas seulement une manifestation politique, mais aussi une très brillante profession de foi artistique. Le peintre se présentera plus tard au public avec de plus vastes compositions, gigantesques commandes officielles figurant des sortes de panoramas guerriers propres surtout à impressionner la fibre chauvine de la foule, représentations historiques écrites trop souvent d'après des programmes rédigés dans les bureaux de l'état-major, mais jamais aucune de ses expositions, même celle de 1855, ne séduira aussi complètement les vrais amateurs que celle de 1822.

Sans doute parmi ces quarante tableaux qui figurèrent à cette date dans le fameux atelier de la rue des Martyrs quelques-uns : le *Cheval du trompette*, le *Soldat laboureur*, le *Grenadier de Waterloo*, le *Chien du régiment*, la *Mort de Poniatowsky*,... entre autres, apparaissent déjà comme des concessions faites aux vieux grognards et aux bonnes âmes bourgeoises avides de sentimentalisme militaire, mais à côté d'eux voici *Mon Atelier*, œuvre unique dans l'œuvre de Vernet, et qui, dans son dessin précis, sans sécheresse, dans sa fraîche et vivante harmonie des couleurs, fait songer aux plus fines et spirituelles peintures de Boilly,... puis la *Défense de la barrière de Clichy*, d'une composition à la fois si sobre et si dramatique, d'une exécution si pleine et si forte, et où le dernier épisode de la lutte suprême est raconté avec une hauteur de style qu'on trouvera désormais bien rarement dans l'œuvre de l'artiste, qui bientôt sera transformée en une véritable

COMBAT ENTRE DRAGONS DU PAPE ET DES BRIGANDS (d'après la gravure de Jazet).

machine à peindre par l'insatiable volonté des gouvernements désireux d'utiliser la fécondité complaisante de Vernet à la glorification de leurs triomphes militaires.

A partir de ce jour, le chiffre de vente des œuvres du peintre monta de moitié. On peut en juger par un examen de son livre de comptes.

Le total de la recette de l'année 1824 est de 61.230 francs, celle de 1825 de 61.580 francs, celle de 1826 tombe à 50.449 francs, mais elle se relève en 1827 à 64.685 francs, et en 1833 elle atteindra le chiffre, très élevé à cette époque, de 97.343 francs, qui devait d'ailleurs être encore dépassé en 1849, grâce à l'acquisition, au prix de 99.000 francs par l'Empereur de Russie, d'une toile représentant la prise de Wola.

Ce n'était pas seulement l'heure des riches bénéfices matériels qui avait sonné pour l'heureux peintre, mais aussi celle des honneurs de toutes sortes.

Subitement désireux de concilier les souvenirs du passé avec les intérêts du présent, Horace Vernet cherche à atténuer l'effet de ses manifestations napoléoniennes, en peignant le *Portrait du duc d'Angoulême* qu'il expose au Salon de 1824. Et le gouvernement des Bourbons s'empresse de lui témoigner sa reconnaissance en le nommant officier de la Légion d'honneur (15 janvier 1825).

L'année suivante, il fait son entrée à l'Institut. Enfin, en 1828, sur la présentation de l'Académie, et après avoir exposé aux Salons de 1826 et 1827 *Jules II commandant les travaux du Vatican*, le *Pont d'Arcole*, la *Revue du Champ-de-Mars*, la *Dernière chasse de Louis XVI*, *Edith au col de cygne cherchant le corps d'Harold*..., il est désigné par le gouvernement pour remplacer Pierre Guérin dans le directorat de l'École française à Rome.

Dès son installation à la *Villa Médicis*, Horace Vernet, cessant d'exalter les victoires de la République et de l'Empire, dans le but trop visible de garder les bonnes grâces de la cour qui avait su l'attirer très adroitement à elle, se mit à peindre des sujets de genre, des paysages, des scènes de mœurs italiennes et de pompeuses compositions empruntées à l'histoire rétrospective du pays. C'est pendant la période directoriale que furent exécutées les toiles qui figurent dans l'œuvre de Vernet sous des titres divers : *Combat entre dragons du pape et des brigands*, la *Confession du brigand*, la *Rencontre de Raphaël et de Michel-Ange au Vatican*[1], la *Chasse dans les marais pontins*, *Judith et Holopherne*, etc., etc. Il faut bien le constater, aucun progrès nouveau, sauf pourtant dans quelques paysages, n'y signale la triomphante influence, qu'au dire de l'artiste lui-même, devaient avoir sur son talent les incessantes leçons des maîtres immortels.

A vrai dire, aussi bien à Rome qu'à Paris, soit qu'il s'agît de peindre, pour décorer un des plafonds du Louvre, *Jules II commandant les travaux du*

---

[1] Cette toile, comme la *Défense de la barrière de Clichy*, qui lui est bien supérieure, figure au musée du Louvre. Le peintre aurait pu lui donner pour légende l'anecdote suivante, qui lui inspira sans doute le sujet : Michel-Ange rencontrant Raphaël dans le Vatican avec ses élèves lui aurait dit : « Vous marchez entouré d'une suite nombreuse ainsi qu'un général. — Et vous, répondit Raphaël au peintre du *Jugement dernier*, vous marchez seul, comme le bourreau. » Cette toile fut exposée au Salon de 1833.

Vatican ou Raphaël échangeant des propos aigres-doux avec Michel-Ange, dans ce même Vatican, Horace Vernet est toujours d'un lamentable poncif.

Dans des entreprises pareilles qui nécessitent des talents fortifiés dès longtemps par de patientes et pénibles études, ses moyens naturels semblent paralysés, son originalité réelle disparaît et il tombe à plat au rang de vulgaire copiste académique. Son talent à la fois élégiaque et militaire ne peut se développer librement, avec ses facultés d'expression très limitées, que dans les batailles et dans les combats modernes, dans les scènes familières où, grâce à son ingénieuse invention, il peut à loisir créer de touchants épisodes que son facile pinceau décrira avec une énergie suffisante.

Donc, malgré quelques portraits assez prestement enlevés, quelques paysages de belle tenue, ce n'est pas dans l'ensemble des œuvres qu'il exécuta à Rome qu'il faut chercher le secret du prestige nouveau qui s'attacha à son nom, lorsqu'en 1835 il revint à Paris après avoir remis la direction de l'école à M. Ingres, appelé à lui succéder, mais bien dans ses brillantes qualités d'administrateur, et surtout dans la fermeté patriotique de son attitude en 1830.

Il fut en effet, à un certain moment, l'unique représentant de la France auprès du Saint-Siège, car dès que la nouvelle de la chute des Bourbons parvint à Rome, notre ambassadeur se retira à Naples.

« Les circonstances, dit M. Amédée Durande, étaient graves. Le fanatisme politique n'a pas d'alliée plus dangereuse que la religion ; aussi s'était-il réfugié dans la ville où il était sûr de trouver le meilleur accueil. D'autre part, les idées nouvelles avaient pénétré dans les États pontificaux, malgré douaniers et gendarmes.

« Il fallait agir avec un grand tact, montrer à la fois de la prudence et de la fermeté. Horace Vernet fut à la hauteur de la situation. »

La dépêche suivante, qui lui fut adressée par Guizot deux mois après les journées de Juillet, en est d'ailleurs la preuve évidente :

Paris, 13 septembre 1830.

« Monsieur le Directeur,

« J'ai reçu votre lettre en date du 20 août dernier, par laquelle vous me faites part des mesures que vous avez prises dans l'intérêt de l'académie de France à Rome, à la nouvelle des événements qui ont déterminé notre heureuse révolution. Je ne puis que donner mon approbation la plus complète à la prudence et à la fermeté que vous avez montrées dans un moment où la retraite du corps diplomatique français laissait les nationaux, et MM. les pensionnaires de l'académie en particulier, restitués de toute protection.

« Je ne doute pas que l'attitude que vous avez prise aussitôt vis-à-vis du gouvernement pontifical n'ait contribué très efficacement à la tranquillité dont l'académie et les Français résidant à Rome ont heureusement joui jusqu'à ce jour. Je vous invite à vous maintenir avec persévérance dans la même ligne de conduite, et à cultiver avec soin des relations directes que l'absence de tout pouvoir diplomatique vous a obligé d'établir avec le gouvernement pontifical...

« J'ai lieu d'espérer que le gouvernement du roi, en renouant avec la cour de Rome les relations momentanément interrompues, vous délivrera bientôt du poids d'une responsabilité dont vous vous êtes montré si digne et pour l'exercice de laquelle je vous fais en mon particulier les plus sincères remerciements.

« Agréez...

« Guizot. »

Est-il utile de dire avec quelle joie Horace Vernet, depuis longtemps en rapport amical avec le duc d'Orléans, accueillit la nouvelle de l'avènement de Louis-Philippe?

« Maintenant, écrit-il, que le jour est venu où tous les sujets qui ont pour but de représenter les faits glorieux de la France, dans tous les temps, peuvent se peindre, et que je puis impunément me servir de toutes les couleurs de ma boîte, sans encourir le risque d'être nuisible à quoi que ce soit (chose à laquelle, malgré tout, j'ai fait peu attention), je vais me livrer aux beaux souvenirs de ma jeunesse, persuadé que dans les arts rien ne saurait être bon, si le principe qui nous dirige n'est pas puisé dans notre goût dominant. »

Puisque nous passons une revue, très résumée d'ailleurs, de la correspondance de Rome, d'un examen incontestablement aussi intéressant que

NAPOLÉON (étude d'après nature faite par Horace Vernet en 1812).
(Gravure de Romagnol.)

celui des toiles exécutées dans le recueillement académique de la villa

JUDITH ET HOLOPHERNE

Médicis, donnons-nous garde de passer sous silence la curieuse polémique épistolaire engagée entre Vernet et M. Thiers, alors ministre des travaux publics, au sujet d'une copie du *Jugement dernier de Michel-Ange*, que le gouvernement avait cru devoir commander à Sigalon. Le directeur de l'école était opposé à cette commande à cause des insurmontables difficultés qui s'opposaient à sa parfaite réalisation.

Voici la lettre de Thiers :

« Mon cher monsieur Vernet,

« Vous êtes un grand artiste et point un administrateur ; c'est pourquoi je ne prends point en mauvaise part la lettre que vous m'avez écrite le 3 août. Il faudrait renoncer à administrer, si nous ne pouvions relever une erreur ou une irrégularité sans que nos subordonnés se crussent ou humiliés ou maltraités. D'ailleurs les sentiments que je vous porte devraient vous rassurer sur le sens d'une lettre tout administrative, et qui ne portait que sur des détails peu importants. Je tiens donc vos plaintes comme non avenues.

« Maintenant je vais vous parler peinture. Je suis fâché de vous voir dans de pareilles dispositions à l'égard de l'entreprise confiée à Sigalon. Je ne suis pas peintre, mais j'en sais assez pour être certain que, si une copie littérale n'est pas possible, une traduction libre est parfaitement exécutable et serait très utile. Les raisonnements que vous faites sur une copie de Michel-Ange ont été faits sur les traductions d'Homère et de Virgile. J'ai lu et entendu dire particulièrement qu'on ne pouvait traduire le Dante, Shakespeare, ni surtout Aristophane ; cependant ils ont été traduits, et leur traduction, à moi qui sais mal l'italien, et pas du tout l'anglais et le grec, m'a fait un plaisir profond. Je veux donc absolument une copie telle quelle du *Jugement dernier*. Je vous serai infiniment obligé de ne pas communiquer votre sentiment à Sigalon ; ce serait désastreux pour son entreprise. Si cependant votre lettre n'était qu'une complicité amicale avec lui, s'il vous avait chargé de me sonder pour m'engager à lui rendre la liberté, je la lui rendrais sur-le-champ, car je ne fais travailler aucun artiste malgré lui.

« Je le rappellerais à Paris ; je lui payerais indemnité de voyage, de séjour, de temps perdu, etc... et j'enverrais à Rome un traducteur plus hardi que lui. Ainsi, je vous en prie, dans son intérêt même, dites-moi la vérité la plus vraie. J'ai fait écrire au gouvernement papal ; je vais faire intervenir M. de Latour-Maubourg. Je ne négligerai ni soins, ni argent, pour aider Sigalon, et, sinon lui, un autre au moins. Ainsi, écrivez-moi sur ce sujet la réalité même...

« Adieu, je vous renouvelle l'assurance de mon estime et de mon attachement.

« A. Thiers. »

La réplique de Vernet fut prompte et vive et lui fait le plus grand honneur. En voici le passage le plus intéressant :

« ... Quant à l'affaire du *Jugement dernier*, c'est autre chose. Sur ce terrain, je ne suis plus un *subordonné* : 1° Il n'y a jamais eu connivence entre moi et Sigalon ; il est plus impatient que jamais de remplir sa mission. — 2° Loin de chercher à diminuer son ardeur comme Votre Excellence semble le craindre, je l'ai aidé de toutes mes forces à aplanir les difficultés sans nombre que la cour de Rome lui suscite chaque jour. Cependant si par respect pour les intentions du gouvernement, je ne mets pas à découvert toute ma pensée vis-à-vis d'un confrère dont j'estime le talent autant que la personne, il ne s'ensuit pas que je ne puisse émettre une opinion sur l'inutilité pour les arts du travail dont il est chargé, et l'immoralité (si j'ose me servir de cette expression) de livrer à une nouvelle postérité un tableau tout neuf, de compromettre ainsi la réputation de son premier auteur. Il y a certains prestiges qu'on doit respecter. L'état de dégradation du *Jugement dernier* met le copiste dans l'obligation d'en rétablir une grande partie ; mais en l'améliorant (si telle chose était possible), jamais il ne pourra donner qu'une idée fausse de ce chef-d'œuvre à ceux qui ne l'auront pas vu, et ceux qui le connaîtront ne le trouveront pas. Permettez-moi de le dire, monsieur le ministre, une copie n'est pas faisable ; la comparer à une traduction est une erreur : on n'interprète plus lorsqu'on est obligé de créer. Vouloir remplacer dans un ouvrage de Michel-Ange ce que trois siècles en ont effacé, c'est vouloir remplir dans leur propre langue les lacunes des auteurs grecs et latins, dont il ne nous est parvenu que des fragments. Michel-Ange lui-même, comme s'il prévoyait le danger qu'il devait courir un jour, refusait de refaire les bras de la Vénus et de restaurer le *Torse antique*, qu'il avait dessiné plus de trente fois ; et c'est l'auteur du *Moïse* et de la chapelle des Médicis qui donnait cette leçon de respect et de modestie !

RÉBECCA ET ÉLIÉZER A LA FONTAINE (d'après la gravure de Jazet).

« Je pense qu'on peut profiter de la circonstance pour faire exécuter consciencieusement ce qui est resté intact dans la chapelle entière. Il faut sauver les restes du plus bel ouvrage qui ait illustré le grand siècle qui l'a vu naître, recueillir scrupuleusement les fragments de ce squelette, et non le peindre en couleur de chair pour le rajeunir. »

LOUIS-PHILIPPE AVEC SA FAMILLE DEVANT LA GRILLE DU CHATEAU DE CHANTILLY.

Néanmoins Thiers eut gain de cause et, malgré l'opposition de Vernet, Sigalon put exécuter la copie du *Jugement dernier*, œuvre fort médiocre d'ailleurs et peu propre à donner aux élèves de l'école des beaux-arts, condamnés à la contempler chaque jour, une juste idée de l'effrayant chef-d'œuvre de Michel-Ange.

Horace Vernet, ayant manifesté en 1833 le désir de visiter l'Algérie,

« cette terre promise de son talent » dont on commençait en ce moment la conquête, le roi très généreusement l'autorisa à s'absenter de Rome pendant quelques semaines, et au mois de mars l'artiste s'embarquait pour Bone à bord du brick de guerre *la Comète*, mis à sa disposition par le comte de Rigny, ministre de la marine.

Il assista à la prise de la Kasbah, de Bone, se lia d'étroite amitié avec le commandant Yusuf qui, au milieu de la bataille, lui apparut comme un héros « les bras nus jusqu'aux épaules, couvert d'or, d'argent et d'armes brillantes », se battit près d'Alger avec le duc de Rovigo, puis visita cette ville, et revint à Rome émerveillé, ébloui, emportant au fond de son âme la brûlante nostalgie de cette Afrique, qui devait bientôt le prendre tout entier.

« ..... A mesure que le crépuscule me permettait de distinguer les objets qui m'entouraient, écrit-il au général Atthalin, j'apercevais de grands fantômes blancs passant comme des ombres ; on n'entendait même pas les chevaux qui marchaient sur l'herbe. Enfin, le jour vint me montrer que j'étais au milieu de trois cents Arabes et de cent Turcs, armés de longs fusils, de pistolets,... etc., et suivi de deux escadrons du 3e chasseurs. Non, jamais je n'ai rien éprouvé de semblable. Les montagnes de l'Atlas d'un côté ; une belle rivière de l'autre ; la plaine couverte d'éclaireurs, et quels éclaireurs. Et au centre, une tribu marchant en groupe, portant tous ses bagages. A la vue de tant de choses, si nouvelles et si pittoresques, j'ai cru que ma tête éclaterait. Je n'étais pas au bout. »

C'est bien ici le cas de rééditer cette opinion cependant parfois discutable : qu'un peintre en écrivant livre presque toujours le secret de son art. Assurément Delacroix, Fromentin et Guillaumet, ont dans un autre langage fait connaître la nature de leurs premières émotions sur la terre d'Afrique. Mais, cette seule phrase : « J'ai cru que ma tête éclatait », ne dit-elle pas clairement l'enthousiasme délirant du peintre et ne fait-elle pas pressentir les étourdissantes pétarades de Constantine, d'Isly et de la Smalah ?...

De retour en Italie, Horace Vernet se cloîtra dans les murs de son palais directorial, et jamais heures ne furent plus laborieuses que les dernières heures qu'il passa à Rome.

C'est de 1833 à 1835, époque de sa rentrée à Paris, qu'utilisant les études et les croquis pris en Algérie, il peignit cette jolie toile *Arabes con-*

versant sous un figuier, vendue 8.000 francs à lord Pembroke, la *Prise de la Kasbah de Bône*, une *Chasse au sanglier en Algérie*. C'est aussi à cette époque que le gouvernement de Juillet, grisé déjà par la trompeuse espérance de voir sa popularité grandir à l'ombre du tombeau de Napoléon dressé aux Invalides, lui enjoignait de peindre en toute hâte les immenses toiles qu'il appela *Iéna*, *Wagram*, *Friedland*, et qui n'étaient en réalité que des peintures épisodiques à vaste échelle, uniquement composées pour servir de cadres triomphants à la figure épique du grand Empereur.

Il est juste de dire qu'entre la peinture de *Friedland* et celle d'*Iéna* il trouvait le temps de glorifier son royal protecteur en le représentant au milieu des barricades abandonnées et des bourgeois en délire, chevauchant calme et souriant vers l'Hôtel de Ville entre le comte Berthois et le maréchal Gérard.

Avant de quitter définitivement Rome, Horace Vernet put y voir célébrer le mariage de sa fille Louise avec un jeune artiste de grand avenir, Paul Delaroche.

Depuis 1815, époque où Vernet peignit le duc d'Orléans en uniforme de colonel de dragons, la cocarde tricolore au chapeau, des relations amicales s'étaient établies entre l'artiste et le prince. Il suffit d'ailleurs de jeter un coup d'œil sur le tableau des travaux exécutés par le peintre pour voir que bien avant la date des commandes royales, le duc d'Orléans figura parmi les acheteurs les plus empressés des œuvres de Vernet[1].

En 1817, il se rendait acquéreur de deux toiles, au prix modeste de 1.400 francs. En 1818, il lui achetait cinq autres toiles (prix 6.900 francs). En 1819, il verse au peintre la somme de 1.000 francs pour une *Tête de folle*. Puis viennent les acquisitions plus importantes des *Batailles de Jemmapes* en 1821 (prix 8.000 francs); de *Montmirail* en 1822 (prix 10.000 francs); de *Hanau* en 1824 (prix 10.000 francs); de *Valmy* en 1826, (prix 10.000 francs), etc.

Nous verrons bientôt Vernet bénéficier aussi largement de la générosité royale que de celle du prince prétendant.

A peine de retour à Paris, il recevait du souverain la commande d'une

---

[1] Voir à l'*Appendice*.

vaste composition commémorative représentant le *Siège de Valenciennes*, qui d'ailleurs ne fut jamais ébauchée, l'artiste ayant refusé de se soumettre au programme d'exécution qui lui avait été officiellement imposé.

Dans un entretien qu'il eut avec Louis-Philippe, au sujet de ce tableau, le roi lui expliqua ses vues : il voulait que Louis XIV fût représenté en tête de la colonne d'assaut, au plus fort de l'action. Horace Vernet fit remarquer que les choses ne s'étaient pas précisément passées de cette façon héroïque.

« C'est une tradition de famille, objecta Louis-Philippe.

— Soit, répondit Vernet, mais c'est une légende, et l'histoire dit positivement que Louis XIV se tenait à plusieurs lieues de la brèche. »

Un de ces personnages zélés qui se trouvent toujours là à point pour flagorner les puissants du jour, intervint dans la conversation, et dit au peintre : « C'est le roi qui vous paye, faites ce que veut le roi.

— On ne me paye pas pour mentir, » répliqua Vernet, et il se retira[1].

C'est à la suite de cet incident, tout à son honneur, que Vernet, obéissant à la fois à un sentiment de révolte et de dégoût et aussi à son humeur vagabonde, partit pour la Russie, où il fut admirablement accueilli par le tsar.

Ce premier séjour en Russie fut de courte durée. Vernet en profita pour visiter Saint-Pétersbourg et Moscou. Il recueillit toutefois de ce rapide déplacement autre chose que de vives impressions d'art, car l'examen de son livre de ventes et de commandes, si précieux à consulter pour l'historien de sa laborieuse carrière, nous apprend que pendant ce premier voyage en Russie il reçut de M. Smiroff la somme de 1.000 francs pour un tableautin représentant un *Arabe mort*, et celle de 20.000 francs pour un *Portrait de la princesse Wittginstein*, représentée à cheval dans une chasse au faucon. De plus, le tsar, très désireux de laisser au cœur de l'artiste le regret de n'avoir pu prolonger son séjour à Saint-Pétersbourg, et afin de le déterminer à y revenir bientôt, le pria, et cela sans lui imposer de programme d'exécution, de peindre à son intention une *Revue de la garde impériale par Napoléon I*er *dans la cour des Tuileries*.

En lui faisant cette commande le tsar s'exprima en ces termes : « Ce

---

[1] Amédée Durande.

tableau restera dans mon cabinet. Je veux avoir toujours sous les yeux la garde impériale, parce qu'elle a pu nous battre. »

Nicolas Ier paya 25.000 francs cette toile qui lui fut livrée en juillet 1838.

Assurément aucun sujet de peinture ne pouvait plaire davantage à

Les adieux de Fontainebleau (d'après la gravure de Jazet).

l'artiste, qui fut très vivement touché par la forme gracieuse de la commande.

A partir de ce jour germa au fond de son cœur ce sentiment de nostalgie intermittente qu'il eut de la sainte Russie, devenue pour lui une sorte de seconde patrie dominée par le plus puissant des bienfaiteurs.

Il est curieux de constater que ce pur parisien que fut Horace Vernet eut pendant toute la vie devant les yeux le double et éclatant mirage des steppes immenses couverts de neige et du vaste désert au sable brûlant. Les contrastes l'attiraient. L'Afrique et la Russie se partagèrent son cœur, et c'est dans sa correspondance à bâtons rompus et d'un accent de sincérité si attachant, mieux encore que dans sa peinture, qu'on découvre toute l'ardeur de ses affections tropicales et hyperboréennes.

«... Quant à moi, écrit-il à sa femme, je travaille, je vais à la parade et je cours avec l'empereur passer les revues. Nous sommes allés ces jours derniers à Cronstadt. Ce voyage, qui a duré deux jours, m'a ravi; s'en aller à dix lieues en mer en traîneau, c'est la chose du monde la plus originale... Pendant les différents dégels qui se sont succédé, des coups de vent ont sans doute refoulé la mer, qui, en superposant les blocs de glace les uns sur les autres, a produit des chaînes de collines de plusieurs lieues de longueur et ayant les formes les plus singulières. Les chevaux vont ventre à terre; le vent vous coupe le visage, qui se couvre de glace par les larmes qui s'échappent de vos yeux, tandis que votre corps est bouillant sous les tapis et les peaux d'ours dont vous êtes affublé.

« L'aspect de ce qu'on voit, le contraste et le mouvement font qu'au bout de dix minutes on croit rêver et qu'en arrivant on croit avoir perdu la tête.

« Figure-toi des gens qui courent la poste entre des vaisseaux de ligne, comme sur des routes plantées d'arbres verts; si je n'avais pas recommencé le soir la même promenade, je croirais avoir été fou pendant quelques heures... ».

Parlant de l'Afrique, Horace Vernet, qui n'était décidément pas l'homme des impressions tempérées, s'exprime ainsi dans une autre lettre à sa femme : «... Rien ne pourrait dire ce que j'ai éprouvé en voyant de dix lieues les Pyramides. J'ai pu supporter cette émotion; je suis invulnérable !...

« Je ne te ferai pas une description de la ville [1], ce serait bien inutile; je me bornerai à te dire ce qui m'a le plus frappé

« Hier, à la faveur de nos habits turcs, nous avons visité les mosquées, les palais du pacha, etc. C'est, en plus grand, Alger, seulement encore plus misérable. Par l'intervention des janissaires que le consul a mis à ma disposition pendant le temps que je resterai ici, j'ai pu voir la chose du monde qui m'a le plus frappé dans ma vie.

« Nous sortons du marché aux esclaves, où de petits négrillons, mâles

---

[1] Le Caire.

et femelles, sont assemblés par paquets sur un mauvais carré de toile, comme des pommes à cinq pour un sou, sans compter les hommes et les femmes de toutes couleurs qu'on tient dans des trous tout autour de cet infâme lieu, où, comme des rois, d'infâmes voleurs trafiquent de la chair humaine. Je sortais donc le cœur tout gros de fâcheuses réflexions, lorsque le janissaire me proposa d'entrer dans la mosquée des fous. C'est là qu'un autre spectacle horrible m'attendait. Figure-toi une cour de quarante pieds carrés, environnée de murailles d'une hauteur prodigieuse qui laissent à peine entrer le jour ; dans l'angle, une petite porte de trois pieds de haut, barricadée de chaînes à travers lesquelles on passe avec peine. De chaque côté, les murs sont percés de petites niches garnies d'énormes grilles de fer ; et là dedans, sans vêtements, assis sur la pierre, sans autre paillasse que leur ordure et une épaisse couche de poussière, sont les malheureux privés de leur raison, une double et lourde chaîne au cou, dont les extrémités viennent s'attacher à de gros anneaux extérieurs, et dont le frottement perpétuel sur la pierre l'a creusée à plus de deux pieds. Joins au tableau les rugissements des furieux, les accents pitoyables d'un amoureux, et les deux yeux fixes d'un nègre silencieux, qui nous regarde comme un oiseau de nuit, et tu ne te feras qu'une faible idée de ce que nous avons vu..... »

Dans une autre lettre, voulant peindre la morne tristesse sablonneuse du désert d'El-Arisch, il écrit de sa plume familière : «..... Au milieu s'élèvent quelques palmiers semblables à des plumeaux qui ont l'air de dire : « Venez vous épousseter ici. » En effet, on en a grand besoin ; mais je t'avouerai que c'est la dernière chose à laquelle on pense.

« De l'eau ! De l'eau ! De l'eau fraîche ! Voilà ce qu'on cherche..... »

Assurément ce serait faire œuvre de subtil critique que d'établir un rapprochement entre la formule littéraire de Vernet décrivant les misères et les splendeurs de l'Orient, et la somptueuse majesté des récits de Chateaubriand et de Lamartine, traitant du même sujet. Et cependant, après avoir parcouru la correspondance du peintre, écrite la plupart du temps dans une langue de bivouac et d'atelier, nous reconnaissons volontiers que parfois sa puissance d'évocation égale celle des deux grands poètes et qu'il possède lui aussi, par des moyens bien moins prestigieux sans doute, l'art de nous faire vivre où il a vécu.

Ce n'est que très incidemment que nous parlons d'Horace Vernet *écrivain*. Il y aurait là cependant matière à une intéressante étude, car ses lettres inédites sont encore nombreuses, et fourmillent, non seulement de vivantes descriptions, mais aussi de curieux exposés de doctrines d'art et

MAZEPPA POURSUIVI PAR LES LOUPS (d'après la gravure de Reynolds).

même de graves considérations politiques sur des événements historiques auxquels il prit une part très active [1].....

Ces quelques extraits de correspondance, pris un peu au hasard, n'ont pour objet que d'ajouter quelques traits nouveaux à l'intéressante figure que nous tentons d'esquisser.

Horace Vernet rentrait à Paris à la fin de l'été de 1836. Son voyage en

[1] Il est hors de doute aujourd'hui que l'intervention personnelle d'Horace Vernet en 1832, auprès du tsar Nicolas, pour obtenir du souverain russe la reconnaissance du gouvernement de Juillet fut triomphante. Il y a sur la mission confidentielle d'Horace Vernet, en 1832, à la cour de Russie où il était *persona grata*, un très intéressant chapitre d'histoire contemporaine à écrire.

Russie avait à peine duré quelques semaines. Il arriva à temps pour assister aux derniers moments de son père (17 novembre 1837). Cette mort l'affecta profondément, et ce fut pour chercher un adoucissement à sa cruelle affliction qu'il partit pour l'Algérie.

MAZEPPA (d'après la gravure de Jazet).

C'était au lendemain de la prise de Constantine ; et le littoral africain retentissait toujours du bruit des héroïques combats. Quand notre peintre débarqua à Bône, le 12 novembre 1836, du *Diadème*, « bon et beau vaisseau monté par 800 hommes, » l'odeur âcre de la fumée de la poudre le mordit aux narines, et c'est dans cette atmosphère vibrante qu'il va cueillir les premières notes qui, développées plus tard dans le calme de l'atelier parisien, deviendront les grandes toiles commémoratives qui ornent aujourd'hui la *salle de Constantine* au musée de Versailles.

En lui confiant l'exécution de cette suite de peintures, Louis-Philippe manifesta royalement son désir d'effacer le fâcheux souvenir qui s'attachait à la commande du *Siège de Valenciennes*, et en même temps sa volonté de ne pas laisser dire que le tsar lui avait donné une leçon de clairvoyante générosité.

Horace Vernet ne consacra pas moins de six années (de 1836 à 1842) à l'exécution des trois immenses toiles qui figurent à Versailles, dans la galerie de Constantine, et où il a raconté, d'un large et vivant pinceau, les trois principaux épisodes du terrible siège : *les Kabyles repoussés des hauteurs de Condiat-Ati; les Colonnes d'assaut se mettant en mouvement, la Prise de Constantine*.

Pendant ce travail, qui fut d'ailleurs interrompu par un voyage en Palestine, en Égypte et en Turquie d'Europe, Horace Vernet revint plusieurs fois en Algérie, vivant au camp parmi les officiers, suivant les expéditions, couvrant ses albums de croquis sans nombre, préparant les matériaux de ses vastes compositions et notant toujours ses impressions dans des lettres d'un français « à la fois bizarre, cru, animé et bouffon [1] ».

Parmi toutes ces lettres d'Afrique il en est une qui mérite d'être presque intégralement reproduite. Certes il n'y faut pas chercher la phrase lumineuse, savante et chaude de Fromentin ou de Guillaumet. Mais dans ce français « bizarre, cru et animé » où se reflètent toutes les qualités et les défauts du peintre, Vernet fait un saisissant tableau de Constantine, après l'assaut final, et nous y surprenons le secret de ses impressions avant la représentation du drame sanglant dont il va faire une sorte de vaste triptyque militaire.

Cette lettre, adressée à Mme Horace Vernet, est datée du 2 décembre 1837. La voici :

« Nous nous sommes mis en route hier à onze heures du matin, et nous avons fait cinquante-cinq lieues. Me voilà plus près de vous, et si le temps continue à être aussi bon, demain soir nous serons sur la même terre. Ce sera pour moi une grande joie, car tu sais que si je pars sans peine, je reviens avec bien du plaisir.

« Maintenant, il faut que je te parle de Constantine et de mon voyage en général. Je vais commencer mon bavardage.

. . . .

« De Bône à Medjez-Hamar rien d'intéressant. Mais, après avoir passé

---

[1] Théophile Silvestre.

le Raz-et-Akba, le pays dépouillé d'arbres devient un vaste désert coupé de ravins profonds, et entouré de vastes montagnes pelées dans le genre de Radicofani ; la pluie nous a rendu visite dans ces lieux épouvantables. Il nous a fallu coucher dans la boue ; mais heureusement le mauvais temps n'a duré que deux jours. Rien n'était plus intéressant pour moi que ces bivouacs, en arrivant le soir et en partant le matin. Les lions, les hyènes et les chacals se chargeaient de la musique et se disputaient dans l'ombre les mules et les chevaux que nous laissions derrière nous sur la route ; car, ma chère amie, tu ne peux te faire une idée de la quantité de ces pauvres animaux qu'on abandonne, faute de pouvoir les nourrir : on les assomme tant qu'ils peuvent se soutenir ; une fois tombés, c'est fini d'eux. Sur ce point comme sur tant d'autres, c'est un gaspillage dans l'armée dont on ne saurait se faire une idée sans en avoir été témoin. Mais brisons là-dessus, je ne veux te parler que du pittoresque. Je te disais que le pays est d'une sévérité admirable. Il ne s'y trouve, en fait de trace humaine, que quelques pierres, restes de monuments antiques qu'on suppose des fortifications.

« Je ne suis pas de cet avis pour la généralité. Il y en a certains qui me paraissent des tombeaux de la même forme et de la même construction que ceux de Carneta, moins soignés cependant, mais semés çà et là le long d'une voie romaine, sur un assez long espace, deux lieues environ avant d'arriver à Somma, où se trouve un tombeau monumental dont j'ai fait le croquis. De ce point, on aperçoit Constantine à trois lieues de distance. Je t'avoue que le cœur m'a battu en voyant le terme et le but de mon voyage. Les plus hautes montagnes du grand Atlas se développent devant le spectateur. Il était deux heures de l'après-midi, le soleil brillait, rien ne manquait pour la splendeur du tableau. Je t'assure que dès ce moment je n'ai plus pensé qu'au bonheur de joindre à tous les souvenirs que j'ai déjà dans la tête une nouvelle collection de matériaux d'un caractère tout particulier. Je ne te ferai pas ici la description de Constantine, de ses ravins, etc......, toutes choses dont tu as déjà entendu parler. Il me suffit de dire que je n'ai rien vu dans aucun de mes voyages qui m'ait autant frappé. Cette ville toute couleur de terre ressemble plutôt à celle des Abbruzzes qu'à tout ce que nous connaissons du littoral d'Afrique. On va crier après moi quand je la peindrai telle qu'elle est, comme on l'a fait après ma verdure ; cependant je serai vrai. L'intérieur des rues est très sombre et d'une puanteur abominable. Les cadavres qui sont encore sous les décombres ne contribuent pas peu à augmenter ce que les ordures, les diarrhées générales de l'armée émanent de miasmes pestilentiels ; Montfaucon est la boutique de Lubin en comparaison. Aussi nos pauvres soldats mouraient-ils comme des mouches. Dès les premiers pas qu'on fait dans la ville, on ne peut croire qu'il soit possible d'y rester ; puis, tout à coup, nous entrons dans le palais du bey ; tout change. Figure-toi une délicieuse décoration d'opéra tout de marbre blanc et des peintures des couleurs

PREMIÈRE CAMPAGNE DE CONSTANTINE
(d'après la gravure de Jazet).

les plus vives d'un goût charmant, des eaux coulant de fontaines ombragées d'orangers, de myrtes, etc., enfin un rêve des *Mille et une nuits*. Certes, j'étais loin de m'attendre à des sensations si différentes dans un si court espace de temps, et cependant je n'étais pas au bout. Figure-toi que la suite du prince a tout dévasté et qu'il ne reste rien, mais rien, de l'intérieur. Tout a été emporté, jusqu'aux oiseaux et aux poissons rouges. On a fait des trous dans tous les murs pour chercher des cachettes ; enfin tout est sens dessus dessous. Ah ! les barbares ! Du reste, j'ai reçu dans ce palais le meilleur accueil du général Bemelle ; il m'a donné une ci-devant belle chambre dans laquelle j'ai couché par terre avec délices, car du moins j'étais à sec. Mes trois jours se sont passés à courir la ville et ses environs, dessinant autant que possible les points intéressants, et j'ai une fameuse récolte de travaux à faire. Dis à Jazet que je lui apporte une vigoureuse collections de sujets. Il y en a un surtout qui (je ne puis attendre pour te le raconter) a manqué te valoir une petite fille à élever. Tu as entendu parler d'un rocher du haut duquel les femmes, en voulant fuir, se précipitaient. Représente-toi, sur un monceau de plus de cent cadavres de femmes et d'enfants que les Kabyles dépouillaient ou achevaient lorsqu'ils respiraient encore, un sergent et un soldat leur disputant, les armes à la main, un pauvre petit être de quatre ans attaché au corps de sa mère morte. J'ai retrouvé cette petite fille au camp de Medjez-Hamai. Elle est très gentille, mais que deviendra-t-elle? On la nomme Constantine, ne lui connaissant pas d'autre nom. Ce régiment la garde, mais, encore une fois, que deviendra-t-elle? C'est justement parce qu'il n'y a pas de doute sur le malheureux sort qui l'attend que je voulais la prendre. Je n'aurais pas balancé à t'apporter cet embarras si une autre idée ne m'était venue ; c'est d'en parler à Madame Adélaïde. Ce serait digne d'elle de faire élever un enfant pris sur le champ de bataille où son neveu a été fait lieutenant général. Nous parlerons de ça à mon arrivée. J'ai tous les renseignements imaginables sur ce fait.

ASSAUT DE CONSTANTINE (d'après la gravure de Jazet).

« Pour en revenir au but de mon voyage, j'ai dessiné d'une part et recueilli de l'autre tout ce dont j'aurai besoin pour mon grand tableau. Jamais on n'a eu une occasion de faire un tableau aussi intéressant et aussi pittoresque. Mais aussi fallait-il voir les lieux, car il n'y a pas de description, de dessin, de croquis qui puisse donner une idée de l'originalité de la scène. Ça ne ressemblera à rien de ce qui a été peint, et ce ne sera que vrai. Il faut avoir vu l'armée d'Afrique : ce n'est plus ni la République ni l'Empire : c'est l'armée d'Afrique, c'est-à-dire la réunion, un jour de bataille, de toutes les vertus militaires, et le lendemain... sauf quelques exceptions, chez de certains hommes, trop bien trempés pour ne pas résister à la contagion !... Tiens, je ne veux pas écrire tout ce que je pense. »

Le général Cavaignac (1840) (d'après la gravure de L. Massard).

Le nomade artiste avait à peine donné la dernière touche à l'assaut de Constantine (1842) qu'il retournait en Russie, rappelé par le tsar. Il loge à Peterhof, assiste à de petits soupers de famille chez l'impératrice, accompagne le souverain aux manœuvres de Tsarkoié-Sélo le 29 juin « Nous arrivons des manœuvres, chère amie ; elles ont été superbes : soixante-dix mille hommes sous les armes, et des coups de canon comme s'il en pleuvait, et de la pluie comme si le ciel fondait... etc. »

Il avait quitté Paris le 1er juin 1842, il y rentrait précipitamment quelques semaines plus tard afin d'assister aux funérailles du duc d'Orléans.

Mentionnons ici deux incidents de la vie du peintre qui nous le font voir dans le rôle imprévu d'ambassadeur officieux entre l'empereur de Russie et le roi de France. Ce n'est pas l'aspect le moins curieux de son aventureuse existence.

Au moment de quitter Saint-Pétersbourg, le tsar, auquel il venait faire ses adieux, lui adressa les paroles suivantes que le peintre a fidèlement notées sur un de ses carnets de souvenirs :

« Voilà encore votre malheu-
« reux roi éprouvé par un coup
« plus terrible que tous ceux qu'on
« a tirés sur lui. La mort du duc
« d'Orléans est une perte énorme,
« non seulement pour son père
« et pour la France, mais encore
« pour nous tous. Est-il possible
« de compter sur une régence
« qui peut s'établir au moment

LE GÉNÉRAL DE LÉTANG (croquis au crayon).

TYPE DE SOLDAT (croquis au crayon).

« où rien ne sera encore pré-
« paré ? Car, comment préparer
« une chose qui dépendra des
« circonstances dans lesquelles
« elle se présentera ? »

Je lui ai répondu que je m'entendais fort peu en politique, mais qu'il était de ces choses qui mettaient les souverains et les sujets sur le même terrain ; que les pères avaient tous le même cœur, que celui que le sort déchirait ; que nul ne pouvait savoir si le lendemain le consolateur n'aurait pas besoin de consolation ; que je demandais donc à Sa Majesté de remettre à un mois de me donner une séance pour son portrait ; que mon devoir d'homme me rappelait à Paris pour que du moins, si je ne pouvais approcher du roi, il me vît de loin découvrir ma tête devant son infortune.

« L'empereur m'a dit alors avec tous les signes extérieurs d'une vive émotion : « Allez, vous ferez ce qu'un galant homme doit faire. Si vous « voyez le roi des Français, assurez-le que je partage tout son malheur ; « dites-lui tout ce qui pourra lui faire comprendre l'estime que j'ai pour « ses grandes vertus et pour la fermeté de son caractère. » L'empereur me tenait la main ; nous avions les larmes aux yeux ; nous sommes restés quelques minutes sans prononcer une parole. Lorsque j'ai pu parler, je lui ai demandé s'il m'autorisait à répéter entièrement cette conversation, et sans hésiter il me répondit : « Non seulement je vous y autorise, mais je vous en charge ; si d'autres choses... » Il n'a pas achevé. Tout le monde était témoin de cette scène qui a duré plus de vingt minutes.

« Enfin l'impératrice, voyant l'empereur s'essuyer les yeux, s'est avancée en me disant : « Et moi aussi, je prends bien part au malheur que la « France déplore. »

Comme je lui parlais de la douleur d'une mère, qu'elle devait si bien comprendre, elle me répondit : « Mais vous ne parlez pas de celle d'une « femme ; » et, là-dessus, elle a regardé son mari avec une expression si tendre, que je me suis reproché de n'avoir pas deviné plus tôt que l'empereur allait voyager. »

A peine de retour à Paris, l'artiste ambassadeur avait une longue entrevue avec Louis-Philippe, et voici en quels termes il en a fixé le souvenir :

« Paris, 9 août 1842.

« Je suis allé chez le roi, qui m'a reçu. En entrant dans son cabinet, les larmes nous ont suffoqués pendant plusieurs minutes. Les miennes s'étaient amassées depuis huit cents lieues, il fallait bien qu'elles sortissent ; mais celles du roi !... Je regrettais de les avoir provoquées, après toutes celles qu'il avait dû répandre. Il m'a semblé brisé sous le poids de la douleur.

« Après un quart d'heure de récriminations sur le fatal événement, de regrets exprimés avec la plus touchante éloquence, la question politique

est arrivée ; l'espoir d'un règne glorieux évanoui, toutes les prévisions d'avenir brisées ont été le sujet d'une longue lamentation ; alors j'ai pu parler de la commission dont l'empereur m'avait chargé. Sur ce point le roi est entré dans des considérations diplomatiques en dehors du rôle qu'il m'est permis de jouer dans la circonstance présente. J'ai dit au roi que je ne voulais me charger que d'une réponse conforme aux paroles dont j'étais porteur. Après m'avoir approuvé, le roi m'a répondu : « Dites à l'empereur
« que les vicissitudes qui
« ont accompagné ma
« vie, comme homme
« et comme prince, ont
« mis mon caractère à
« l'abri d'éprouver la
« moindre rancune con-
« tre ceux qui ont pu
« méconnaître mes in-
« tentions. Si les siennes
« changent à mon égard,
« dites-lui que je suis
« prêt à lui rendre affec-
« tion pour affection. Il

Horace Vernet

« est absurde de croire que la force de caractère consiste à ne pas revenir
« sur des opinions émises à une époque, quand le cœur a la conviction
« que ces opinions ont dû être modifiées par les circonstances. S'il en

« était ainsi, à quoi bon la discussion et la lumière qui en jaillit ? Un
« autocrate peut faire dire ce qu'il veut à ses ministres, un roi constitu-
« tionnel ne le peut pas. Qu'il consente donc à m'écrire ; pour être roi
« constitutionnel, je ne suis pas condamné au mutisme et je lui répondrai.

« S'il aime mieux me parler,
« dites-lui que je suis prêt à
« me rendre où bon lui sem-
« blera et à faire tout ce qui
« pourra réunir deux peuples
« dont l'alliance est inévi-
« table par la suite, et qui,
« si elle existait depuis long-
« temps, aurait rendu la
« politique plus simple et
« prévenu tout le mal que la
« mésintelligence qui semble
« régner entre nous a fait à
« l'ordre social ; car, mon
« cher Horace, l'empereur
« m'a fait bien du mal et
« mon malheureux enfant
« est mort persuadé qu'il en
« était exécré ; il fallait que
« la preuve du contraire arri-
« vât, lorsqu'il n'était plus
« temps pour lui de l'en-
« tendre... »

SPONTINI (d'après une caricature originale.)
(Cabinet des estampes).

En août de la même année, Vernet, simultanément peintre et diplomate, regagnait la Russie, portant au tsar les propositions du roi de France, comme jadis Rubens, avant d'être créé chevalier de l'Éperon d'or, se rendait d'Anvers à Londres, mystérieux confident des secrets politiques de son protecteur Philippe IV et de Charles Ier d'Angleterre.

Ce troisième et dernier séjour en Russie se prolongea jusqu'au commencement de juillet 1843. Vernet avait alors cinquante-quatre ans. Ce qui ne l'empêchera pas, à peine de retour en France, de donner de nouveau un libre cours à son humeur vagabonde, en visitant l'Espagne, le Maroc et encore l'Algérie.

Malgré soi on demeure interdit en présence de la prodigieuse activité de ce petit homme sec et nerveux qui, en Europe, en Asie, en Afrique, court à dos de cheval ou de dromadaire, toujours son carnet de notes et de croquis à la main, qui ne cesse d'écrire, datant tour à tour ses innombrables lettres du désert d'El-Arisch, des rives du Dniéper, de Jérusalem, du fond des steppes russes, du bord des navires de guerre qui le ballottent, lui et sa fortune, à travers les flots, et qui, entre deux voyages très rapprochés, trouve moyen de reproduire à une échelle vertigineuse, mais avec une imperturbable audace, les sujets les plus compliqués.

Citons en passant un bien joli portrait, d'une ironie peut-être un peu outrée, d'Horace Vernet par Théophile Silvestre : « Son petit corps, qui semble fragile comme un cristal de Bohême, ne souffre pas plus d'accidents

HALÉVY (d'après une caricature originale).
(Cabinet des estampes.)

à pied, à cheval, à dos d'âne ou de dromadaire, en carrosse, en traîneau ou en navire, que s'il était porté en litière. Les fatigues, les intempéries, les fléaux qui terrassent les Hercules, l'ont toujours épargné. Pendant que le choléra décime nos troupes dans les marais de la Dobrutcha, lui n'a pas une pointe de colique, et la vermine qui dévore les bachibouzoucks fuit ses membres, secs comme le tissu de l'aloès, élastiques comme des lanières de caoutchouc. Si rien n'altère son corps, rien n'agite son esprit. Les magiques changements de soleil et de rivage, l'étonnante variété des tempéraments, des caractères et des lois, la pénétrante série des formes, des couleurs, des mélodies, des parfums exotiques, beautés qui s'amassent en trésors de poésie et de savoir dans une intelligence attentive et délicate, ont passé sur ses yeux comme les reflets du feu passent sur un vitrage. Il n'est resté dans sa mémoire qu'une bigarrure des objets extérieurs. On dirait qu'il a vu seulement par la fenêtre d'un wagon le monde se dérouler, valser autour de lui et disparaître dans une lumière poudroyante. La caricature du *Charivari*, qui le représentait un jour passant à triple galop de cheval devant une toile pour la peindre, est un fidèle portrait de cet artiste dont les idées et les pratiques sont légères comme la plume, fuyantes comme l'air[1]. »

Il apparaît toutefois, d'après les indications contenues dans le *Livre des comptes* d'Horace Vernet, que le peintre, sauf le portrait de l'impératrice, qui lui fut généreusement payé trente-six mille francs, n'exécuta pas d'œuvres importantes pendant son dernier séjour en Russie.

En aurait-il eu le temps d'ailleurs, malgré sa prodigieuse activité et sa facilité de travail extraordinaire?

A peine était-il débarqué à Saint-Pétersbourg que son impérial protecteur l'attachait pour ainsi dire à sa personne, et l'invitait à l'accompagner en Ukraine, en Tauride, en Bessarabie, en Pologne... etc. Il visita successivement Taula, Orlov, Koursk, Ekatérinoslav, Moscou, Varsovie, Grodno, Vilna... etc., et en place d'honneur, dans le cortège impérial, il put assister au passage triomphal du souverain dans les rues des cités toutes vibrantes des sonneries des cloches et des canonnades, et à travers l'immensité morne des steppes, animés seulement par la joyeuse fusillade des fantasias de cosaques.

Mais si, pendant ce merveilleux voyage, Vernet dut abandonner son pinceau au repos, il laissa le champ libre à sa plume qui infatigablement a relaté, jour par jour, dans une suite de lettres qu'il faut lire, les vives et curieuses impressions éprouvées par l'artiste.

C'est une peinture fort intéressante de la vie russe en son entier[2]. Le tsar, la cour, la nature, le peuple... tout y passe. C'est assurément la meilleure partie de l'œuvre écrite d'Horace Vernet, et ici l'écrivain, malgré la forme cursive et toujours familière de ses récits, est bien supérieur au peintre,

---

[1] *Les Artistes français.*
[2] Voir la correspondance d'Horace Vernet, publiée par M. Amédée Durande.

et s'élève parfois à la hauteur de l'historien prophétique. Qu'on en juge par ce fragment d'une lettre adressée de Saint-Pétersbourg à Mme Horace Vernet le 31 octobre 1842 :

« Quoi que tu en dises, ma passion pour l'empereur n'est pas telle que tu le penses. Je lui rends justice ; ce n'est pas un homme ordinaire, mais il est loin d'être parfait. Il a tout ce qu'il faut pour se faire aimer des gens qui n'ont pas besoin de lui ; mais, pour peu qu'il ait à exercer sur vous la moindre autorité, c'est l'homme le plus dur que j'aie jamais rencontré. Il est vrai de dire qu'en fait de discipline il lui est impossible d'agir autrement. Les Russes de toutes les classes sont tellement enclins à la paresse, qu'il n'y a que la crainte qui puisse les maintenir. Quand un Russe ne tremble pas, c'est le plus lâche de tous les hommes. Tout ici est placé sous le régime militaire, depuis le cuisinier jusqu'au grand juge ; de sorte que l'habitude de prononcer constamment des arrêts, sans qu'il soit permis au condamné de quitter la position du port d'armes, a donné à l'empereur une rudesse dont il ne s'aperçoit pas, qui augmente à mesure que les autres s'y accoutument, et qui le perdra, le jour où la fatigue et l'inertie remplaceront la terreur qu'il inspire.

DAVID D'ANGERS (d'après une caricature originale).
(Cabinet des estampes.)

« Toutes ces admirables institutions, dont je t'ai parlé dans mes lettres, n'existent nulle part sur un pied aussi splendide. On dirait qu'elles sont fondées pour le bonheur de tous. Mais non, l'éducation, qui développe l'esprit de cette foule de jeunes gens, ne les pousse pas plus loin pour cela ; ils sont au monde pour rester dans leur classe : ils ne peuvent ni s'élever ni redescendre. S'ils sont fils de soldats, ils ne seront jamais que sous-officiers. Alors, à quoi bon les instruire et leur donner des goûts qu'ils ne pourront jamais satisfaire, et des lumières qu'ils ne pourront pas répandre? Déjà, on a senti les funestes effets d'un tel ordre de choses. Une colonne entière d'infanfanterie s'est insurgée. Pas un seul officier n'est resté, tous ont été égorgés froidement. Les soldats, conduits par les sous-officiers, disaient à leurs chefs : « Nous ne vous en voulons pas; mais vous êtes officiers, nous devons vous tuer. Finissez votre pipe, nous reviendrons après. » Et, en effet, ils sont revenus. La punition a sans doute été terrible, car on ne la connaît pas... les régiments ont été licenciés. Voilà, chère amie, comme tout est en Russie. On laboure sans savoir ce qu'on récoltera. On accroche des oranges à un sapin et l'on croit avoir des fruits. La noblesse donne tout ce qu'elle possède de bon cœur, plutôt que d'aller en Sibérie. »

On devine, à la lecture des dernières lettres datées de Saint-Pétersbourg, qu'Horace Vernet, malgré les bontés et les honneurs dont l'empereur l'accable, est las de la Russie et qu'il attend avec impatience l'heure de rentrer en France. «... Je n'aspire plus qu'à un seul bonheur, celui de me retrouver dans mes vieilles habitudes, avec de vieux amis, dans une vieille veste, donnant un soufflet à un vieux verre de vin, avec notre vieux cousin et nos vieux petits-enfants qui doivent avoir de la barbe depuis le temps que je ne les ai vus... »

C'est à cette époque que parvint en France la nouvelle de la prise de la *Smalah* d'Abd-el-Kader. Le brillant coup de main du duc d'Aumale était, on le suppose bien, commenté avec enthousiasme et raconté avec surabondance de détails épiques par les gazettes de la cour.

Horace Vernet rêva dès lors de fixer ce fait militaire sur la toile, comme l'atteste ce fragment d'une lettre adressée de Saint-Pétersbourg à Mme Vernet le 23 juin 1843.

«... Je suis libre : je puis secouer mes plumes; je quitte ma cage pour sauter sur une branche où je pourrai gazouiller à mon aise avec ma bonne perruche qui m'y attend, et que maintenant je ne veux pas plus quitter que si j'étais empaillé[1]. »

[1] Ce qui ne l'empêchait pas de quitter *sa branche et sa bonne perruche* au bout d'un an pour parcourir l'Andalousie et le Maroc. En 1850 il se rendra à Rome pour prendre sur place les croquis et les notes nécessaires à l'exécution d'une de ses toiles les plus importantes : *le Siège de Rome*. En 1853, sous le grand soleil de juin, nous le retrouvons encore chevauchant à travers les montagnes de la Kabylie algérienne.

« J'avais lu avec un vif intérêt les détails de la prise de la *Smalah*. Oui, oui, voilà un tableau à faire ; mais, pour représenter un tel fait d'armes, il faudrait l'avoir vu, car ça devait avoir un caractère tout particulier. Cependant, avec un bon récit on pourrait s'en tirer... »

Vernet était à peine de retour à Paris que Louis-Philippe, luttant de

PRISE DE LA SMALAH D'ABD-EL-KADER (détail).

générosité avec le souverain russe, commandait au peintre de nouvelles toiles pour les galeries de Versailles, et, entre autres, une vaste représentation de la prise de la Smalah d'Abd-el-Kader.

Cet événement causa au peintre la joie la plus vive. Nul sujet n'était plus propre en effet à tenter son pinceau plein de verve. Sur une toile de vingt-trois mètres de long, il allait pouvoir librement, dans un pêle-mêle de bataille, condenser tous les éléments d'expression chers à son imagination. Et comme cadre à cette scène tumultueuse, pleine de cris de victoire, de hennissements, de clameurs affolées, de hurlements de douleur, de coups de feu, de cliquetis de sabres,... il donnerait les immensités bleues et blanches du ciel et du désert.

Horace Vernet, a-t-on dit, et nous le croyons volontiers, avait légèrement pâli lorsqu'il s'était trouvé pour la première fois devant l'immense toile nue. Et cependant, phénomène unique peut-être dans l'histoire de la peinture, l'œuvre était complètement terminée en dix mois.

Commencée en 1844, cette toile gigantesque fut signée au commencement de 1845, et figura au Salon de la même année.

Le ciel fut peint en un seul jour. On en étalait l'azur avec des sabres, nous apprend un des historiens de Vernet. C'était, on en conviendra, un procédé d'exécution en parfait accord avec le sujet.

Rarement toile fut plus diversement appréciée que la *Prise de la Smalah*, qui n'est, en définitive, qu'un spirituel développement panoramique d'un intérêt assurément très dispersé, mais rempli de vivants détails.

D'un sujet pareil, un des plus beaux qu'un peintre puisse rêver, des artistes comme Rubens, Delacroix, Géricault, dont les génies puissants se plaisaient dans les plus fougueuses compositions, eussent sans nul doute dégagé une impression autrement tragique et puissante, en subordonnant à une forte et synthétique unité l'éblouissante richesse des détails. Mais à quoi bon s'attarder à des regrets superflus et à pleurer l'irréalisation de l'impossible? Acceptons d'Horace Vernet ce qu'il peut nous donner et ne nous plaignons pas trop de son excessive générosité. On dit trop dédaigneusement aujourd'hui que la *Smalah* est tout au plus digne de fixer l'attention de la foule. Cela est injuste. Sans approuver le morcellement épisodique de cette gigantesque composition et tout en reconnaissant, constatation très grave, qu'elle manque de vie atmosphérique et lumineuse, que le coloris d'ensemble en est morne et sec, il faut bien reconnaître qu'elle s'impose même à l'attention de l'artiste par de singulières qualités de composition et de mouvement dans les groupements individuels.

Certains détails sont, en effet, d'une surprenante habileté d'exécution, et si les amphores, les riches étoffes, les harnachements brodés d'or, etc., ne se confondent pas en une chaude et lumineuse harmonie de tons, on est contraint d'admirer l'extraordinaire élan des chevaux, se présentant, avec de merveilleux raccourcis, de pleine face au spectateur. Il y a là de prestigieux coups de pinceau, des tours d'adresse incroyables, une somme énorme de grandes difficultés vaincues. Et n'oublions pas que, comme tant de peintres contemporains, Horace Vernet n'a pu appeler à son aide le précieux concours de la photographie, pour l'aider dans l'analyse des mouvements vertigineux du cheval lancé au galop de charge.

FRAGMENT DE LA PRISE DE LA SMALA
(Gravé par M. Romagnol, d'après Horace Vernet.)

Le troupeau des chameaux porteurs de palanquins, secoués comme des navires par l'orageux tumulte de la lutte, et du haut desquels dégringolent avec une grâce troublante les femmes de l'émir, forme également un groupe d'un aspect saisissant, et où les lignes se confondent dans une harmonie rythmique qu'on regrette de ne pas trouver dans les couleurs.

Les qualités de coloriste d'Horace Vernet, qualités très intermittentes, ne se manifestèrent jamais plus pauvrement que dans la *Prise de la Smalah*, qui, nous le répétons, doit être considérée bien plus comme un essai très réussi, comme une tentative exemplaire de panorama militaire, que comme un tableau. C'est un modèle du genre, et c'est à ce titre qu'il faut lui attribuer une place à part dans l'œuvre du peintre, si fertile en manifestations diverses et imprévues, depuis l'époque où il dessinait d'un crayon si léger des silhouettes de Merveilleuses pour la collection de M. La Mésangère, jusqu'au jour où d'un pinceau puissant et recueilli il exécuta, pour la Congrégation des frères de la doctrine chrétienne, l'austère figure du frère Philippe, un de ses chefs-d'œuvre.

Car Vernet ne fut pas seulement le peintre populaire du soldat, le chroniqueur fécond de la vie militaire. Son œuvre iconographique est considérable. C'est par centaines que se chiffrent les portraits qui lui furent commandés. Sa prodigieuse facilité d'exécution, son habileté rapide à saisir les ressemblances tentaient les personnages soucieux de transmettre leur fidèle image à la postérité, et donnaient pleine satisfaction au désir impatient du modèle. Certaines de ses figures, et non les moins réussies, comme celles de Napoléon, de Mlle Mars, des maréchaux Canrobert et Pélissier, de M. et Mme Radcliffe..., ont été exécutées en une seule séance, d'un seul jet de pinceau.

D'autres, comme celles du frère Philippe, de Mme Pasquier, de Mme Delaroche, de la princesse Wittgenstein, de Mme de Leninby, de la vicomtesse de Castellane, du général Foy, de Dupin, de M. de Gourcuff..., etc., accusent une volonté de recherches, un effort de méditation clairement indiqués dans une formule dont l'énergique précision touche parfois au style.

L'ensemble des figures qui vivent avec une intensité si grande dans une de ses premières toiles, et une de ses meilleures, *Mon atelier*, n'indique-t-il pas assez que Vernet était né, en quelque sorte, peintre de portraits, et qu'en ce genre il eût peut-être excellé s'il avait su contraindre, dès le début, sa déplorable facilité naturelle à plus de laborieuse retenue, s'il avait su se méfier à temps de l'adresse de ses doigts, et chercher dès l'origine de ses études, trop négligées, à apprendre plutôt qu'à deviner.

Mais, comme l'a dit Alfred de Musset, judicieux écrivain d'art à ses heures : « Je critiquerai M. Vernet, lorsque je ne trouverai plus dans ses œuvres les qualités qui le distinguent et que je ne comprends pas qu'on puisse lui disputer ; mais tant que je verrai cette verve, cette adresse et cette vigueur, je ne chercherai pas les ombres de ces précieux rayons de lumière. »

LA PRISE DE LA SMALAH (les palanquins, détail).
(Gravure de M. Romagnol. Musée de Versailles.)

Imitons, si vous le voulez bien, le grand poète, et tout en regrettant que le peintre, si admirablement doué et gâté comme tous les héritiers présomptifs, n'ait pas su résister à l'impérieuse tyrannie des dons naturels et

CHATEAUBRIAND (d'après un dessin original au crayon).
(Collection de M. André Delaroche-Vernet.)

les fortifier par l'étude, réjouissons-nous de contempler son œuvre dont l'étrange confusion s'éclaire parfois de si brillantes lueurs.

Ce qu'il est permis d'affirmer, c'est que, sauf dans ses regrettables essais de peinture d'histoire rétrospective, Horace Vernet fut original et vraiment français. Il fut par excellence le peintre passionné des choses de son temps. Ce qui était encore à cette époque une rare vertu. Il ne se borna pas à fixer sur de vastes toiles, conformément aux prescriptions d'un programme officiel, des faits d'histoire contemporaine, mais avec une sorte de besoin fiévreux il notait au passage, d'un crayon rapide et sûr, la vie des êtres et des choses. Qui ne connaît pas les albums de voyage d'Horace Vernet ignore la partie la plus vivante et la plus originale de son œuvre. C'est ici qu'apparaît dans tout son éclat sa prodigieuse virtuosité de croquiste. Il s'y montre l'égal de son père. Mais au lieu de fines et nerveuses silhouettes de chevaux et de gentlemen élégants, ce ne sont que figures de soldats d'une crâne et énergique accentuation de dessin. Tous les types, aujourd'hui disparus, de notre vieille armée, défilent sur ces vivants feuillets, depuis le maréchal de France jusqu'au simple voltigeur de la garde, depuis l'amiral jusqu'au fusilier marin. Parfois, au milieu de ces suites héroïques de rudes profils et de masques aux sourcils orageux, aux dures mâchoires, aux fronts bas et volontaires, se montrent timidement quelques images d'intellectuels égarés dans cette iconographie militaire, et ce n'est pas sans une douce et réconfortante surprise que l'œil se repose un instant sur les nobles et pensives figures d'un Walter Scott ou d'un Chateaubriand qui paraissent très surpris de se trouver en si belliqueuse compagnie.

Voici encore une inoubliable pochade, du prince Napoléon, dont le masque puissant de César maussade, sceptique et gras, rêve sous un minuscule képi de général de division.

Une exposition uniquement composée de portraits signés par Horace Vernet, obtiendrait, croyons-nous, un succès considérable. L'amateur d'art y trouverait une véritable satisfaction et l'historien des choses du siècle y puiserait de précieux renseignements, car la plupart des modèles qui posèrent devant Horace Vernet furent activement mêlés aux événements de l'histoire contemporaine. C'est une intéressante entreprise à tenter et qui pourrait être assez facilement réalisée malgré la dispersion des documents à réunir.

Vernet avait à peine sabré d'un dernier coup de pinceau la *Prise de la Smalah*; que le roi Louis-Philippe, ravi de l'immense succès populaire obtenu par la gigantesque composition et de la prodigieuse rapidité avec laquelle le peintre avait fixé sur la toile le pittoresque fait d'armes dont le duc d'Aumale fut un des principaux acteurs, commandait au peintre une représentation de la bataille d'Isly. Il pensait, non sans raison, que l'opinion pourrait s'étonner de ne pas le voir confier à son peintre militaire la glorification du vainqueur de Muley-Abder-Rahman, droit sous son haut képi et dans sa redingote blanche, au milieu des drapeaux, des tentes et des canons abandonnés, alors qu'il était permis de supposer que Vernet avait pu prêter une oreille trop bienveillante aux conseillers officiels désireux de voir la figure du duc d'Aumale surgir dans des proportions héroïques au milieu de la débandade tragico-comique de femmes, de vieillards, de perroquets, de gris-gris, de gazelles, de colporteurs juifs…, provoquée par la soudaine irruption des terribles chasseurs du colonel Morris.

Toujours est-il qu'Horace Vernet accepta cette commande avec une joie peut-être encore plus vive que celle de la *Prise de la Smalah*, et, afin de donner plus de vérité réelle et de force historique à l'interprétation de son sujet, il s'embarqua encore de nouveau pour l'Afrique et se rendit là même où Bugeaud cueillit, avec un de ses plus beaux lauriers militaires, son titre de duc. Sur le champ même de bataille, au pied des sauvages montagnes des Beni-Snassen, l'intrépide artiste fit une ample moisson des documents nécessaires à l'exécution d'une de ses meilleures toiles.

A cette époque le nom de Vernet jouissait dans nos armées d'une immense popularité.

Il nous apprend que lorsqu'il se rendit de l'Alla-Marhnia, extrême avant-poste sur la frontière du Maroc, à Djemmân-el-Ghrazaouer, un arc de triomphe avait été élevé sur son passage par la garnison de cette localité.

Voici d'ailleurs la copie d'un ordre du jour daté de ce poste même et que Vernet encadre avec une satisfaction vainement dissimulée, dans une lettre adressée à Mme Vernet, et datée du bord du *Lavoisier* qui le ramenait à Gibraltar :

Armée d'Afrique. — Ordre supérieur.

« M. Horace Vernet, notre grand peintre de batailles, arrive demain à Djemmân-el-Ghrazaouer.

« L'armée ne peut rester froide en présence de l'homme de génie qui a fait revivre sous son pinceau magique les fastes de notre gloire militaire. M. Horace Vernet recevra donc les honneurs de la guerre.

« Toutes les troupes de la garnison prendront les armes et se formeront en bataille sur la place en avant du pavillon ; elles porteront les armes et les tambours rappelleront. Les postes sortiront et porteront les armes.

« Une compagnie de garde d'honneur lui sera fournie.

« MM. les officiers de tous les corps se tiendront prêts à faire à M. Horace Vernet une visite de corps.

« Des ordres seront donnés ultérieurement pour l'heure de la prise d'armes.

« Le lieutenant-colonel, commandant supérieur,

« DE MONTAGNAC.

« Djemmân-el-Ghrazaouer, le 4 avril 1845. »

Il était de retour à Paris en juin 1845, après des haltes à Gibraltar, à Tanger, à Cadix, à Alger, à Marseille, à Avignon, où il lui tombait des Vernet de tous les côtés. « ... Les uns sont boulangers, les autres ce que tu voudras. Bref, ils veulent tous me faire leur héritier, et me demandent, en attendant, de leur procurer une petite place pour vivre.

« Ainsi, tu vois qu'un jour nous devons être riches. »

La peinture de la bataille d'Isly était terminée au commencement de 1846, et elle figurait avec éclat au Salon de cette même année. Puis l'infatigable voyageur partait aussitôt après pour la Belgique et la Hollande avec son fidèle ami Soliman-Pacha.

La *Bataille d'Isly* ne fut pas la dernière commande importante que fit Louis-Philippe à Vernet. La veille même des journées de février 1848, le roi, dont l'aveuglement politique dura jusqu'à la dernière minute de son règne, invitait Horace Vernet à partir pour Toulon et à y faire le portrait d'Abd-el-Kader. Voici ce qu'écrit l'artiste à ce sujet. L'intérêt historique de la citation est indiscutable.

« Le roi s'abusait tellement sur sa position, sur la force de son gouvernement, qu'il était évident qu'il courait à sa perte. Ma dernière entrevue avec lui, mardi matin, m'avait confirmé dans cette opinion, sans cependant que j'eusse l'idée que la catastrophe fût aussi immédiate. Il était midi; les Chambres étaient assemblées, et l'accusation des ministres devait être présentée. Le peuple chantait la *Marseillaise* sous les fenêtres mêmes des Tuileries. Le roi m'avait fait venir pour m'envoyer à Toulon faire le portrait d'Abd-el-Kader. Dès en arrivant, le roi me dit : « Partez demain ; le portrait n'est qu'un prétexte. Dans la conversation dites à Abd-el-Kader que je ferai honneur à la promesse de mon cher fils. Mes ministres sont des pol-

LE COMTE DE CASTELLANE, ENFANT
(Gravure de M. Romagnol. Collection de Mme la comtesse de Beaulaincourt.)

trons : ils ont peur des Chambres. Quant à moi, je suis trop fort pour qu'Abd-el-Kader puisse me donner la moindre crainte, lors même qu'il serait à Saint-Jean-d'Acre. Les Anglais ne pourraient le ramener dans nos possessions d'Afrique sans que ce ne fût une déclaration de guerre, et personne, sans ma permission, ne peut en venir là. Je domine le mauvais vouloir de Palmerston : Guizot le joue comme un enfant. Cependant, il faut faire une concession à la majorité de nos Chambres. Il faut donc dire à l'émir que je l'embarquerai, qu'il fera le tour par le Cap, et qu'il sera débarqué à Djeddah, qu'il ira de là à la Mecque et qu'il sera libre. » Le roi me fit répéter ma leçon et ajouta : « Si vous voulez voir comment les choses vont se passer ici, ne partez que jeudi. »

Quelques jours plus tard, Louis-Philippe gagnait en toute hâte la route de l'exil, la République était proclamée, et Horace Vernet, attristé peut-être au fond du cœur par l'infortune de son royal protecteur, mais soutenu par l'idée d'un grand devoir civique à remplir, se rendait à Versailles et se faisait élire colonel de la légion de la garde nationale de cette ville.

Ah ! le beau jour, le jour glorieux que celui où il put, revêtu de son brillant uniforme, galoper à la tête de sa légion dans les rues de Paris, « couvert de décorations qui, à chaque mouvement un peu trop saccadé de son cheval, sautaient sur sa poitrine avec un bruit de ferraille[1] ».

Qu'ils sont loin les jours héroïques et sombres, où sous l'humble habit de simple garde national, il déchirait à belles dents la suprême cartouche, à la barrière de Clichy.

Sa légion n'eut heureusement pas l'occasion de prendre part à la terrible répression de l'insurrection de Juin, et Vernet ne se vit pas dans la nécessité douloureuse de donner l'ordre à ses soldats de tirer sur les soldats du peuple.

La crise sociale passée, l'émeute impitoyablement noyée dans le sang, le colonel de la légion versaillaise accrocha, bien en vue, son brillant uniforme, dans l'atelier, reprit ses pinceaux et se mit en devoir de terminer la *bataille de Wola*, commandée depuis plusieurs années par le tsar, et dont l'exécution avait été à plusieurs reprises interrompue par des événements divers, comme des voyages en Algérie, au Maroc, en Espagne, des soulève-

[1] Amédée Durande.

ments révolutionnaires, la chute d'un trône, et la plus terrible des insurrections sociales à travers lesquelles il ait été donné à un colonel de la garde nationale de chevaucher [1].

Le prince Louis-Napoléon Bonaparte, président de la République française, et prétendant à l'Empire, voulut dès son arrivée au pouvoir se faire la main en étouffant en Italie la liberté qui le gênait si fort en France pour la réalisation de ses projets ambitieux. Assuré du concours d'une assemblée servile dont M. de Montalembert était le directeur de conscience, il donna l'ordre au général Oudinot d'entrer dans Rome à la tête d'une armée française de 25.000 hommes, d'en chasser les patriotes italiens et d'y rétablir le pouvoir absolu du pape.

Rome, soulevé par l'héroïsme des Mazzini, des Armellini, des Safi, des Garibaldi, résista pendant plus d'un mois au plus barbare des bombardements avant de retomber sous le régime de terreur des cardinaux chargés par le pape de gouverner.

Ce fait d'armes, inauguration si significative de la désastreuse politique extérieure du second Empire, méritait, paraît-il, d'être artistiquement consacré, et c'est à Horace Vernet que fut confiée la tâche de peindre l'entrée triomphale des troupes *républicaines* dans la ville éternelle, à travers les débris des statues, des palais, et au milieu des bénédictions des prêtres.

Le peintre de Valmy, de Jemmapes, de la barrière de Clichy... n'eut pas le courage d'échapper à cette triste mission. Et il en fut cruellement puni, car il n'est peut-être pas dans toute son œuvre de toile plus médiocre, plus triste, plus morne que celle où il a tenté de glorifier le siège et la prise de Rome.

A Paris, l'opinion publique, où se manifestaient encore quelques fières tendances et surtout de vagues inquiétudes, accueillit avec défaveur la nouvelle de cette commande.

Pendant les journées de 1851, nous apprend M. Amédée Durande, Vernet fut obligé de cacher sa toile pour qu'elle ne fût pas lacérée, et il la fit transporter à Versailles, où l'on mit à sa disposition la salle du Jeu de Paume, qui lui avait déjà servi d'atelier à plusieurs reprises.

Il faut reconnaître que le lieu était singulièrement choisi pour traiter un

---

[1] La bataille de Wola fut payée à Vernet 25.000 roubles (99.000 francs).

pareil sujet, et les augustes et grands souvenirs qui flottent comme des ombres entre les murs nus de la vaste salle, ce Bethléem de la Révolution, durent souvent troubler le vieux peintre et faire trembler le pinceau dans ses doigts.

Exposé au Salon de 1852, le *Siège de Rome* n'y obtint aucun succès.

D'ailleurs Vernet, phénomène en vérité assez rare chez les artistes, ne se faisait plus aucune illusion sur la décadence de son talent. Dans une lettre très familière écrite à Paul Delaroche et datée du 15 avril 1852, il s'exprime ainsi : « ... Je sens que bientôt il faudra en finir, avant que, flétri par la vieillesse, ou d'ennui et par anticipation, la triste solitude ne vienne *fermer la boutique*. J'ai promis encore quelques tableaux, je vais les faire. La montre marche toujours, mais les aiguilles ne marquent plus rien : autrement dit, ma vieille triture est encore là, mais le cadran n'indique plus ce que je voudrais faire comprendre... »

LE PRINCE NAPOLÉON (d'après un croquis original, au crayon).
(Collection de M. André Delaroche-Vernet).

Toutefois il peignit encore plusieurs années, et certaines des toiles exécutées de 1852 à 1863, comme la *Bataille de l'Alma*, les *portraits de Canrobert* et de *Pélissier*, d'une touche vivante et hardie, peuvent prendre place parmi ses œuvres les meilleures.

Bien qu'âgé de soixante-trois ans, il fit avec nos troupes une partie de la campagne de Crimée. Il passa les mois de juin, juillet, août à Varna, assista à la bataille d'Inkermann, brava le choléra dans les marais de la Dobrutcha, suivit les diverses phases du siège de Sébastopol, et, sans attendre l'assaut triomphal, revint à Paris pour classer, avec une habile clairvoyance, les divers éléments qui devaient constituer l'ensemble de ses œuvres les plus appréciées, à l'Exposition de 1855, où le jury international de peinture lui décerna la grande médaille d'honneur.

Ce n'était cependant pas encore le terme définitif de la longue carrière artistique de cet homme extraordinaire. En 1856, l'Empereur confiait à Vernet l'exécution d'une vaste représentation de la prise de Malakoff.

Il y eut à cette occasion entre l'artiste et le souverain un échange de lettres intéressantes, qui sont reproduites à la fin de cet ouvrage.

La générosité de caractère de Vernet se manifesta sous une forme charmante dans sa réponse à l'Empereur[1].

Il mourut le 17 janvier 1863, après une longue et cruelle agonie.

Pendant sa maladie, l'empereur lui avait envoyé avec une lettre autographe la croix de grand officier de la Légion d'honneur.

Voici sur les derniers instants d'Horace Vernet, et sur l'étrange accident qui précipita sa fin, quelques détails peu connus que nous devons à la parfaite obligeance de son petit-fils, M. André Delaroche-Vernet.

« Mon grand-père, nous écrit M. Delaroche-Vernet, est mort des suites d'une chute qu'il fit près de son château de Barmettes, à Hyères. Il relevait de maladie, d'une pleurésie, je crois. Monté sur un petit âne qu'il affectionnait, il s'était rendu à une ferme voisine, pour étudier le fonctionnement d'une batteuse à vapeur qu'il avait fait venir de Paris. Les questions agricoles l'intéressaient vivement.

« L'âne, effrayé par le bruit de la machine, prit peur et s'emballa. Horace Vernet, qui avait monté, en parfait cavalier, tant de pur sang arabes, syriens et anglais, fut projeté à terre par cette monture ridicule, et se cassa une côte.

« Cet accident fit naître un abcès dont le peintre mourut après de longues souffrances. »

Et puisque, grâce aux précieux renseignements si obligeamment fournis, il nous est permis de compléter ici par des traits nouveaux l'originale figure d'Horace Vernet, détachons encore de la lettre si documentée de son petit-fils ce passage, qui ne peut que servir utilement les futurs biographes du

---

[1] Voir à l'appendice.

Portrait du Général Foy

peintre : « Mon grand-père, d'après ce que m'a raconté mon père, a fait une partie de la campagne de France. Il avait acheté un remplaçant, mais au moment de l'invasion il s'engagea. J'ai toujours entendu dire qu'il avait

Le maréchal Canrobert (gravure de M. Romagnol).

été fait caporal à Montmirail. En tout cas, je puis vous certifier qu'il a été fait deux fois chevalier de la Légion d'honneur. Son premier brevet fut signé pendant les Cent-Jours et fut décerné à M. Horace Vernet artiste peintre. Le second, signé par Louis XVIII, fut décerné à M. Horace Vernet, lieutenant aux grenadiers de la garde nationale... »

Horace Vernet ne fut ni un peintre métaphysique ni un abstracteur de quintessence. Il ne fut pas davantage un savant évocateur des époques anciennes. Pour lui les Grecs et les Romains semblent n'avoir jamais existé. Parfois cependant, enivré par l'ardente poésie du désert, il s'abandonna à des rêveries rétrospectives, et quand près du puits de Kartyle, à l'ombre des palmes que fait onduler le vent du soir, les femmes des douars soulèvent de leurs bras de bronze leurs lourdes cruches pour les poser sur leur épaule, il croit voir apparaître les filles de Jethro, Rébecca et ses compagnes... Mais ses tentatives sont vaines s'il renonce pour un instant à être le peintre fidèle des choses de son temps pour se livrer à des interprétations bibliques, même en s'efforçant, par une pittoresque modernisation du sujet, de ne pas trop contrarier sa nature.

CROQUIS CARICATURAL DE M. PICOT, peintre et membre de l'Institut.
(Cabinet des estampes.)

Rébecca à la fontaine, *Judith et Holopherne*, *Juda et Thamar*, le *Bon Samaritain*,... sont bien plutôt d'immenses vignettes que des tableaux. Cet ensemble de compositions inspirées par le passé constitue assurément la partie la plus faible de l'œuvre du peintre. Le talent de Vernet, fait de brillante facilité, de mouvement rapide, de trouvailles épisodiques, de recherches de détails, se fige dans cette suite de pénibles efforts pour atteindre la haute formule de style à laquelle il aspire, lui aussi, dans ses malheureuses tentatives de peintures académiques.

On est d'autant plus surpris de l'opiniâtreté qu'il met à réaliser ce rêve, que mieux que personne il ne se fait aucune illusion sur la nature de son talent et sur la mesure de ses forces, comme le prouve ce passage d'une de ses lettres à M. Montfort, qui fut à la fois son élève et son ami :

« ... La direction que m'ont imprimée les premières impressions de ma jeunesse m'a entraîné dans une route qui se trouve peu en rapport avec celle qu'il me faudrait suivre pour convaincre, par l'élévation du style et la pureté du dessin, d'une vérité que la présence seule des choses a pu me révéler, sans qu'il me soit permis de la reproduire. Jeté par le hasard au milieu des circonstances qui faisaient gronder le canon dans Paris, soit pour briser ses monuments, soit pour les ébranler en annonçant des victoires, c'est l'image de la guerre avec ses tourbillons que j'ai dû peindre... »

Oui, Horace Vernet fut surtout un peintre militaire, il fut par excellence le peintre du soldat. Son meilleur titre de gloire est d'avoir eu une claire vision des choses modernes (vision particulière, il est vrai) et d'avoir, un des premiers, compris la mission de l'art à notre époque ; sauf quelques regrettables incursions dans le passé, il fut toujours de son temps. Et les échecs que lui valurent ces explorations rétrospectives, alors que ses succès étaient si vifs quand il exposait *Mon Atelier*, la *Barrière de Clichy*, le *Portrait du frère Philippe*, l'*Assaut de Constantine*, démontrent suffisamment que le secret de ses triomphes était dans la vision directe du sujet, dans la spontanéité de ses impressions, que son pinceau fixait presque toujours, avec une vivante et surprenante rapidité, avec une verve toute gauloise.

CROQUIS CARICATURAL
DE PRADIER
(Cabinet des estampes.)

L'œuvre d'Horace Vernet est immense. Sa fécondité artistique dépassa encore celle de son père et de son grand-père. « Jamais, dit Théophile Silvestre, artiste, ni dans le présent, ni dans le passé, sauf peut-être Rubens (qui encore se faisait aider par sept ou huit disciples robustes), n'a donné l'exemple d'une pareille faconde. »

De la plus vaste à la plus modeste dimension il a traité tous les sujets, tantôt avec le fin pinceau de l'aquarelliste, lorsqu'il peignait ses délicates et précieuses figures de Merveilleuses et d'Incroyables, tantôt avec d'énormes brosses, lorsqu'il recouvrait les centaines de mètres carrés où sont racontés les moindres détails de la *Bataille de Wola*, de l'*Assaut de Constantine*, de la *Prise de la Smalah*, de la *Bataille d'Isly*, du *Siège d'Anvers*, de la *Prise de Rome*... tantôt avec la plume ou le crayon, lorsqu'il jetait sur la pierre ou sur le papier, avec une si spirituelle prodigalité, tant de croquis légers et vivants : scènes militaires, épisodes de courses et de chasses, désopilantes caricatures de personnalités contemporaines, dont nous reproduisons dans cet ouvrage quelques spécimens caractéristiques.

Il toucha à tous les genres. Il fut lui aussi le peintre des élégances mondaines de son époque, comme son père, et pendant son séjour à Rome, troublé par le souvenir du Poussin, du Lorrain et de Joseph Vernet, il s'essayait, non sans succès, dans le paysage historique.

Avant de conquérir sa grande notoriété dans la reproduction des glorieux faits d'armes de nos troupes d'Afrique, il fut tour à tour classique en peignant *Judith et Holopherne*, *Michel-Ange et Raphaël*, *Jules II commandant les travaux du Vatican*; puis romantique avec le *Giaour*, *Edith au col de cygne*, la *Ballade de Lénore*, la *Prêtresse druidique*, le *Massacre des Mamelucks*, *Mazeppa*; et anecdotique avec le *Lancier plumant un poulet*, *Réconciliation de pochards*, *Bal champêtre de tourlourous*, le *Dragon fourrageur*, *Hussard lutinant la Fille de l'auberge de la Grâce de Dieu*,... etc.

Avec une égale facilité il peignit l'*Incroyable à la culotte de casimir*, la *Merveilleuse à la cornette*, *En Chapska*, le *Pape*, *Louis XIV*, *La Vallière*, l'*Invalide à la jambe de bois*, la *Camarina*, *Éliezer*, *Napoléon*, la *Madeleine au désert*, *Holopherne*, *Canrobert* et *Walter Scott*...

C'est le grand illustrateur du siècle présent et des siècles passés.

Son œuvre est comme une vaste suite de vignettes de dimensions très diverses, dont la réunion constitue un ensemble de documents d'un vivant intérêt que ne consulteront jamais sans plaisir ceux qui se refusent à demander au pommier de produire des pêches et à Vernet de leur procurer de profondes sensations d'art et de pures jouissances esthétiques.

Si Horace Vernet reçut de son vivant les faveurs excessives du suffrage universel, parfois un peu aveugle, il faut reconnaître que la critique lui fut moins indulgente qu'à son grand-père, qui, malgré les défaillances de son pinceau fatigué, s'endormit glorieusement au bruit des éloges presque unanimes des salonniers du temps.

Horace Vernet trouva dans Gustave Planche, dans Proudhon, dans Théophile Silvestre, encore tout écumant de l'exécution d'Ingres, dans Thoré, des juges sévères, parfois féroces. MM. Beulé, Heine, Thiers, Musset, Théophile Gautier firent entrer dans leur jugement plus de juste modération. Et vraiment n'est-ce pas faire preuve de clairvoyante impartialité que d'attribuer une honorable part d'éloges à un vaillant artiste qui, avec une franchise et une ingénuité sans pareilles, s'est ainsi jugé lui-même :

« ... J'ai joué mon rôle : il faut songer à fermer boutique. Je sais ce qui manque à mes ouvrages, quant à l'idée et quant à l'exécution. Que voulez-vous ? Il faut m'avaler comme je suis ; je n'ai qu'un robinet, mais il a bien

LA BALLADE DE LÉNORE (musée de Nantes).

coulé, et quiconque après moi s'avisera de l'ouvrir n'en verra sortir rien de bon. J'ai immensément travaillé ; j'ai gagné des millions qui ont passé je ne sais où ; j'ai fort bien vécu. J'ai longtemps parcouru le monde, comme dit la chanson ; j'ai vu beaucoup de choses, trop de choses pour ma tête, qui n'est pas forte.....

« Je ne me suis pas seulement dévoué à la glorification des armées françaises, je leur ai encore rendu en personne quelques services.

« Je n'ai ni parti pris ni système ; je rends le plus exactement possible ce que je vois, sans chercher midi à quatorze heures, et je me conforme aux événements. Voilà tout. »

LA POSTE AU DÉSERT (d'après une gravure de Sixdeniers).

APPENDICE

SPÉCIMENS DE L'ÉCRITURE DES TROIS VERNET

(D'après des documents originaux et inédits communiqués par M. André Delaroche-Vernet.)

I. — LETTRE DE JOSEPH

Messieurs,

Je ne sçay comment m'y prendre pour vous faire des excuses au sujet du silence que j'ay gardé depuis la Reception de la Lettre dont vous m'avez honoré Le 25.e X.bre dernier, il seroit trop long, et trop fastidieux pour vous Messieurs; si je disois toutes les Raisons que je pouvois alleguer, mais je Pense qu'il est mieux de vous en demander Pardon, et me Recommander à vôtre indulgeance.

J'ay pû Messieurs etre dans le silence, mais non son sentir toutte la Reconnoissance que je vous dois, pour Les choses flateuses que vous avez la bonté de me dire, et pour tout le Bien que je vous souhaite, hureux si j'epouvois y contribuer et vous faire connoître l'attachement Respectueux avec lequel je suis,

Messieurs,

à Paris le 21.e mars 1778.   *Votre très humble et très obéissant serviteur*

Vernet

M.rs Les affociés Professeurs de l'Academie de Peinture et Sculpture de Marseille.

II. — LETTRE DE CARLE

Si je gardois le silence sur le Résultat de la visite que l'Empereur a faite au musée où il a vû mon tableau on diroit que j'ai soin de faire connoître à ma famille les circonstances fâcheuses dans lesquelles je me trouve et que je me tais quand le sort paroît me devenir plus favorable. C'est pourquoi mon frère je vous envoye copie de la lettre que M. de Montalivet m'a envoyé hier au soir.

« J'ai beaucoup de plaisir Monsieur à vous annoncer que Sa majesté l'Empereur me charge de vous témoigner sa satisfaction pour votre beau tableau de la Bataille de Marengo et de vous faire donner une gratification de six mille francs. Recevez Monsieur l'assurance de ma considération distinguée. »

Cette lettre est écrite de sa main. Vous sentez mon frère qu'il est très nécessaire que ceci ne soit sû de personne car cette somme ne peut suffire qu'à une petite des créanciers n'il ne faut

pas donner d'inquiétude à cet égard. Si vous
croyez que cette nouvelle puisse intéresser
celui pour lequel vous m'avez si maltraité
samedy, faites-la lui savoir. La circonstance
dont je viens de vous faire part me
flatte un peu et empêche un événement
très fâcheux qui sans elle auroit eu lieu
aujourd'hui sans que je puisse y parer.
mais si ma tête est un peu reposée, mon
cœur ne fut jamais si agité ni plus
profondément ulcéré. Votre indulgence
raccourcierée pour un jeune homme
qui s'égare, votre peu de retenue
vis-à-vis d'un homme accablé comme moi
et depuis longtemps par un traite importunes
laissent dans mon ame une amertume
qui empoisonneroit mon existence quand
même la fortune et les honneurs me seroient
prodigués.
Je vous souhaite qu'une circonstance
favorable rende votre situation moins fâcheuse
qu'elle ne l'est depuis longtemps car alors
vous seriez tout-à-fait heureux puisque

*Les peines de cœur ne troubleront pas
votre bonheur.*

Votre père Carle Vernet

ce lundy.

P.S. Le dessin que j'ai fait [...]

III. — LETTRE D'HORACE

Mon petit papa,

J'ai dessiné toute la journée pour me tout(e)s je leur fait beaucoup de sujets saints et j'étonne tous les oisons de la ville haute les uns me demand si je fais des portraits en Navage et si j'ai tiré le portrait de la ville, enfin je m'amuse beaucoup de tous les propos biscornus des hauts Provinois.

Je t'écrirai encore demain parceque je ne sais si je pourrai le faire d'ici à Samedi car tu ne m'as rien fait dire à ce sujet.

Je t'embrasse comme je t'aime c'est à dire bien tendrement

Dis bien des choses à mon

*Ouch. et embrasse Camille pour
moi et charge la d'en faire
autant à son mari*

P. Carau-Vernet

a mardi 15 Mars 1808 —

APRÈS LA COURSE (Carle Vernet).

Horace VERNET marié avec Louise PAJOL

LE 15 AVRIL 1811.

A reçu des travaux exécutés par lui :

1811

Avril.
    15. En caisse 338 60
    29. Pour 2 dessins vendus à M. Gamble . . . . 100 »

Mai.
    1 à 8. Reçu de M. Gamble. . . . . 18 »
    9. Reçu d'Isabey pour des chevaux . . . . 150 »
    11. De M. Auber père pour une tante . . . . 30 »
    15. Reçu de M. Lamésangère pour caricature . . . . 80 »
    20. Reçu de M. Lamésangère pour caricature . . . . 80 »
    25. Reçu du dépôt de la guerre pour dessins . . . . 200 »

Juin.
    1 à 10. De Roland pour le dessin d'une calèche . . . . 50 »

Juillet.
- 1 à 6. Reçu de ma mère . . . . 500 »
- 24. Reçu un acompte pour des transparents. . . . . 200 »
- 26. Reçu pour le portrait de M. de Carignan . . . . 500 »
- 29. Vendu une gravure . . . . 42 »

Août.
- 1 à 3. Reçu un acompte pour le portrait de Mᵐᵉ Dusandrouin . 200 »
- 21. Reçu de Mᵐᵉ Doumère-Belan pour le portrait de son fils le militaire . . . . 500 »
- 28. Reçu de Civry pour le reste du paiement des transparents . . . . 150 »

Septembre.
- Rien . . . .

Octobre.
- 1 à 2. Reçu de M. Lamésangère pour une merveilleuse . . . 80 »
- 1 à 25. Du même 3 modes . . . . 100 »

Novembre.
- 1 à 2. De Mᵐᵉ Dusandrouin reste du paiement . . . . 150 »
- 16. Reçu de M. Lamésangère 3 modes . . . . 100 »

Décembre.
- 1 à 3. De M. Lamésangère pour une merveilleuse . . . . . . 80 »
- 4. Reçu de M. Perne pour un dessin . . . . 60 »
- 31. De M. Lamesangère 4 modes . . . . 135 »

Total de la recette de l'année 1811 . . . . 3.843 60

1812

Janvier.
- 1 à 16. Acompte reçu pour un tableau commandé par le roi de Westphalie, Jérôme . . . . 2.000 »

Février.
- 1 à 21. Reste du paiement du tableau pour le roi Jérôme . . . 6.000 »
- 25. Reçu pour une merveilleuse de M. Lamésangère . . . 80 »
- 25. 3 modes pour la même . . . . 120 »

Mai.
- 27. 3 modes pour la même . . . . 100 »

Juin.
- 12. Reçu pour une merveilleuse . . . . 80 »
- 13. Reçu pour un tableau vendu au docteur Bourdois . . . 500 »
- 14. Vendu 12 épreuves des merveilleuses . . . . 18 »
- 27. Reçu pour 3 modes . . . . 100 »

Juillet.
- 1 à 7. Reçu pour 3 modes . . . . 100 »
- 28. Reçu pour 3 modes . . . . 100 »

Août.
- 1er. De M. Thevenin pour l'avoir peint en fond . . . . 80 »
- 11. De Basset pour un dessin . . . . 120 »
- 18. De Basset pour un dessin . . . . 120 »
- 18. Reçu pour 2 portraits de M. Le Cordier . . . . 800 »

Septembre.
- 2. Vendu 19 épreuves des merveilleuses 29 50
- 7. Reçu de M. Janet pour petits dessins . . . . 96 »
- 27. Reçu de M. Vernet pour un tableau . . . . 100 »

Octobre.
- 1 à 4. Reçu de M. Janet . . . . 24 »
- 1 à 7. Reçu de Basset pour un dessin . . . . 120 »

Novembre.
- 1 à 5. Reçu un acompte sur un second tableau commandé par le roi de Westphalie, Jérôme . . . . 2.000 »
- 10. 3 modes pour M. Lamésangère . . . . 100 »
- 25. Une merveilleuse pour le même . . . . 80 »
- 26. 3 modes pour le même . . . . 100 »

Décembre.
- 1 à 9. Reçu pour un dessin vendu à M. Basset . . . . 120 »
- 15. 3 modes pour M. Lamésangère . . . . 109 »
- 24. Un cheval vendu pour les écuries de l'Empereur, le *Hati* 250 »
- 26. 3 modes pour M. Lamésangère . . . . 100 »

Total de la recette pour l'année 1812 . . . . 13.537 50

1813

Janvier.
- 1 à 4. Un dessin pour M. Veringue . . . . 78 »
- 8. Un dessin pour M. Veringue . . . . 48 »
- 21. Un dessin pour Basset . . . . 120 »
- 24. Reste du paiement du second tableau fait pour le roi de Westphalie, Jérôme . . . . 6.000 »

Février.
- 1 à 2. Un tableau vendu à l'Impératrice Marie-Louise . . . . 800 »
- 1 à 2. Un dessin pour M. Veringue . . . . 50 »
- 27. Une merveilleuse, M. Lamésangère . . . . 80 »

Mars.
    1 à 10. 3 costumes . . . . 100 »
      · 18. 3 costumes . . . . 100 »
    27. 2 dessins pour M. Auber payés en avance . . . . 240 »
    29. Un dessin pour Basset . . . . 120 »
Juillet.
    1 à 17. 3 costumes . . . . 100 »
    19. Une merveilleuse . . . . 80 »
Août.
    1 à 7. 3 costumes . . . . 100 »
    10. Vendu une petite voiture . . . . 400 »
    14. 3 costumes . . . . 100 »
Septembre.
    3. Un dessin pour M. Mallet . . . . 500 »
    3. 3 costumes . . . . 100 »
    18. 3 costumes . . . . 100 »
    29. Une merveilleuse . . . . 80 »
    29. Un cheval (le *Wagram*) . . . . 223 »
Octobre.
    1. 3 costumes . . . . 100 »
    6. Un dessin pour M. Lamésangère . . . . 60 »
    16. 3 costumes . . . . 100 »
    18. Pour une planche de cuivre . . . . 20 »
    25. Une merveilleuse . . . . 80 »
    27. Pour 2 chevaux le *Calvados* et le *Héron* . . . . 500 »
Novembre.
    1. 3 costumes . . . . 100 »
    9. 3 costumes . . . . 100 »
    26. 3 costumes . . . . 100 »
Décembre.
    1ᵉʳ. Pour 2 chevaux le *Tamerlan* et l'*Hippogriffe* . . . . . . 500 »
    3. De M. de Fonvannes, reçu . . . . 93 »
    17. 3 costumes. . . . . 100 »
        Total de la recette de l'année 1813 . . . . 11.372 »

1814

Janvier.
    1 à 4. 3 costumes et une merveilleuse. . . . . 180 »
    1 à 15. 3 costumes . . . . 100 »

Février.
- 1. 3 costumes . . . . 100 »
- 16. — . . . . 100 »

Mars.
- 1 à 2. 3 costumes . . . . 100 »
- 15. — . . . . 100 »

Avril.
- 7. 3 costumes . . . . 100 »
- 13. Un croquis de Louis XVIII . . . . 24 »
- 20. 3 costumes . . . . 100 »
- 29. Un petit cosaque . . . . 40 »

Mai.
- 1 à 6. Un petit cosaque . . . . 32 »
- 7. 3 costumes . . . . 100 »
- 17. — . . . . 100 »
- 19. 6 petits dessins de cosaque . . . . 200 »
- 30. Dessins et tableaux de cosaque . . . . 285 »

Juin.
- 1. 3 costumes . . . . 100 »
- 6. Une merveilleuse . . . . 80 »
- 15. 3 costumes . . . . 100 »
- 18. Le portrait de M. Doumère (acompte) . . . . 300 »

Juillet.
- 1. 3 costumes . . . . 100 »
- 18. De M. Doumère (acompte) . . . . 100 »
- 20. 3 costumes . . . . 100 »

Août.
- 1 à 2. 3 costumes . . . . 100 »
- 18. — . . . . 100 »
- 23. Une merveilleuse . . . . 80 »
- 29. Vendu du vieil or et un harnais . . . . 116 »

Septembre.
- 1. 3 costumes . . . . 100 »
- 15. — . . . . 100 »
- 22. Une grande caricature . . . . 200 »

Octobre.
- 6. 6 costumes . . . . 200 »
- 1 à 6. Le portrait de M. de Dret . . . . 400 »
- 11. Cosaque pour M. Auber . . . . 88 »

20. Dessins pour l'annuaire	150 »
28. Caricature vendue à M. Aumont.	36 »

Novembre.

1. 6 costumes	200 »
8. Dessins pour l'annuaire	150 »
14. Un dessin pour Basset	120 »
Dessin représentant des chasseurs	225 »
16. De M. Doumère pour le portrait de son fils	600 »

Décembre.

1. Une merveilleuse et 6 costumes.	280 »
13. Une caricature	36 »
29. Le portrait de Mme Lenoir.	500 »
Total de la recette de l'année 1814	6.322 »

1815

Janvier.

1. Le portrait de Mme Lenoir.	500 »
31. 9 costumes	300 »

Février.

1 à 4. Un cosaque pour M. Basset.	120 »
12. Un dessin à M. Legrand	40 »
21. 3 costumes	100 »

Mars.

1. 6 costumes	200 »
4. Un dessin à M. Legrand.	40 »
18. Un dessin pour M. Basset (cheval arabe).	60 »

Avril.

1. 6 costumes	200 »
Un dessin pour M. Basset (cheval anglais).	100 »
20. Vendu du galon.	30 »
28. Dessins pour des contrôles pour M. le colonel Oudinot.	330 »

Mai.

1 à 8. 6 costumes.	200 »

Juin.

1. 6 costumes	200 »
14. Acompte sur le portrait du comte Marie D.	200 »

Juillet.

19. Portrait du général Clary	500 »

Août.

1. 6 costumes	200 »

APPENDICE

9. Un petit tableau vendu à M. Lenoir	400 »
15. Un petit dessin (un chien)	70 »

Septembre.

1. 9 costumes	300 »
16. 2 petits dessins à Rolland.	40 »
24. Un dessin à Le Vacher	50 »
28. Deux petits dessins à M. Jore.	40 »
30. Deux dessins à M. Lenoir.	50 »

Octobre.

9. Le portrait du colonel Belmont.	500 »
23. 3 costumes	100 »
30. Le portrait de M. Bonafons.	500 »

Novembre.

1. Une merveilleuse et 5 costumes	280 »
18. Un petit fixé pour Isabey.	100 »

Décembre.

1. 6 costumes	200 »
3. Reçu de lord Kinnaird pour trois portraits de Napoléon.	1.500 »
Total de la recette de l'année 1815.	7.450 »

1816

Janvier.

1 à 2. 6 costumes	200 »
8. Le portrait de Mme Gousserand.	500 »
27. Un dessin à M. Basset	80 »
29. 2 petits dessins à Constantin.	60 »

Février.

1. 6 costumes	200 »
20. Reçu de lord Kinnaird pour les 3 portraits	1.000 »

Mars.

9 costumes	300 »
16. De Constantin pour vente de compte.	20 »
25. De M. Thévenin pour des chevaux.	60 »
27. De M. Mallet pour deux petits dessins	88 »

Avril.

6 costumes	200 »
8. Un petit dessin à Constantin	40 »
9. Un dessin à Basset	80 »
17. Le portrait de M. de Cubière.	500 »

Mai.
- 1. Reçu de M. d'Arjuzon............................ 40 »
- 6 costumes .... 200 »

Juin.
- 1. Reçu pour un tableau représentant la mort de Poniatowski.......................... 1.200 »
- Reçu de M. Janet pour des petits dessins......... 120 »
- 29. 6 costumes .... 200 »

Juillet.
- 9. 6 costumes .... 200 »
- 31. Le mois d'un élève L. D..................... 24 »

Août.
- 13. 6 costumes .... 200 »
- Reçu pour la bataille de Somosierra............ 2.000 »

Septembre.
- 2. Mois d'un élève........................... 24 »
- 10. 6 costumes .... 200 »
- 12. Un dessin (bon genre)..................... 100 »
- 17. Dessin à M. Aumont....................... 50 »

Octobre.
- 4. Reste du paiement de la bataille de Somosierra.... 400 »
- 10. 6 costumes .... 200 »
- 25. 2 dessins de Mathilde..................... 300 »
- 26. 1 dessin par Basset...................... 80 »

Novembre.
- 1ᵉʳ. 9 costumes............................. 300 »
- 5. Un dessin à M. Lenoir..................... 50 »
- 15. 2 petits dessins à M. Aumont.............. 80 »
- 21. Un dessin à Roland....................... 100 »

Décembre.
- 3. 3 mois d'un élève......................... 72 »
- 10. Un grand dessin par M..................... 250 »
- 16. 6 costumes .... 200 »
- 26. 2 dessins pour Constantin .... 80 »
- Total de la recette de l'année 1816......... 8.998 »

1817

Janvier.
- 1 à 2. 6 costumes .... 200 »

APPENDICE

Juin.
- Une marine vendue à M. Duchêne . . . . 1.500 »
- 2 pierres lithographiées pour la *Henriade* . . . . 1.600 »

Août.
- 1 à 16. Portrait du jeune de Castellane. . . . . 1.000 »
- 21. *Un sujet turc*, vendu à M. Schroth . . . . 1.500 »
- 27. Le portrait du duc d'Angoulême . . . . 9.950 »

Septembre.
- Reçu de MM. Aumont et Jazet pour la permission de graver le portrait du duc d'Angoulême et les *Courses d'hommes*, acompte moitié . . . . 2.000 »

Novembre.
- 2. De M. de Chambure, acompte sur les *Adieux de Napoléon à Fontainebleau*. . . . . 3.000 »
- 21. De Jazet et Aumont, permission de graver le portrait du roi (acompte) . . . . 2.000 »

Décembre.
- 5. De M. Schickler, une *Chasse*. . . . . 8.000 »
- Lithographies pour Mme Delpech . . . . 600 »
- Vendu 3 gravures de l'atelier. . . . . 80 »
- 31. Reçu de Jazet et Aumont, pour la permission de graver le portrait du roi Charles X . . . . 2.000 »

Juillet.
- Le portrait de M. de Montmorency . . . . 1.500 »
- Une marine, des pêcheurs, à M. Duchêne . . . . 1.500 »
- Total de la recette pour l'année 1824 . . . . 61.230 »

1825

Janvier.
- 2. Reçu pour le portrait du roi Charles X. . . . . 9.950 »
- De M. Duchesne, pour un cheval de course . . . . . . 1.500 »

Février.
- 1er. De M. Schroth, pour une marine. . . . . 1.380 »
- — — . . . . 150 »
- 12. De M. Duchesne, un petit tableau. . . . . 500 »
- Du même, un tableau, une course. . . . . 2.000 »

Mars.
- Un tableau pour la suite du *Molière*. . . . . 500 »

Avril.
- Prix de 2 lithographies pour la *Henriade*. . . . . 1.600 »
- Pour un piano . . . . 400 »

Mai.
- 10. De M. Duchesne un tableau : *Braconnier* . . . . 300 »
- 12. Du même, une chasse . . . . 1.000 »
- 13. De M. de Chambure, solde des *Adieux de Napoléon*. . 4.000 »
- 18. Reçu pour le portrait de Mme de l'Epinay . . . . 2.000 »
- 19. Pour la permission de graver les *Courses de Rome* . . . 2.000 »

Juin.
- 7. Reçu de M. de Lavalette, pour un tableau représentant son évasion. . . . . 8.000 »
- 18. Reçu de M. Duchesne un petit tableau : *Pêcheur* . . . 500 »
- Sur un dessin : *l'Empereur à Sainte-Hélène* . . . . . . 500 »
- Du même, une tête de l'Empereur mort . . . . 500 »
- 24. Reçu pour la copie du portrait de Mme de l'Epinay . . 1.000 »
- Permission de graver la tête de l'Empereur . . . . . . 400 »

Août.
- Reçu de M. Taylor, une vignette lithographiée . . . . . 250 »

Septembre.
- De M. Duchesne, pour le tableau de *Mazeppa* . . . . 15.000 »

Novembre.
- Un dessin pour la Maison du Roi . . . . 750 »
- Pris sur le tableau de M. Odint . . . . 2.000 »

Décembre.
- Un petit tableau pour le *Molière* de Desoir . . . . . . 500 »
- Le portrait du général Foy pour M. de Chambure. . 2.500 »
- — — lithographie pour Mme Delpech . . . . 500 »
- Un tableau vendu à la Société des Amis des Arts . . . 1.500 »
- Une lithographie pour Mme Delpech. . . . . 400 »
- Total de la recette pour l'année 1825 . . . . . . 61.580 »

1826

Janvier.
- 8. Reste du paiement du tableau vendu à M. Odint. . . . 3.000 »
- 28. 2 tableaux vendus à M. Sazerai. . . . . 2.500 »

Mars.
- 1er. Le portrait du prince Frédéric . . . . 6.000 »
- 24. Le portrait de M. de la Grange . . . . 1.500 »

Avril.
- 28. Sur la *Bataille de Valmy* pour M. le duc d'Orléans . . 10.000 »

Mai.
- 15. Le portrait du maréchal Suchet . . . . 2.500 »

Juin.
    10. Acompte de Jazet, *le Talisman de la Paysanne* . . . 1.500 »
    21. Le portrait de M. Pourtalis . . . . 2.000 »
    29. De M. Jazet, reste d'un paiement, *la Paysanne* . . . . 1.500 »
Juillet.
    Le portrait de M. Demidoff . . . . 3.500 »
Août.
    19. Le portrait de Mme Friant . . . . 4.000 »
Septembre.
    Le *Pont d'Arcole*, pour M. Laffitte . . . . 10.000 »
Novembre.
    Reçu de l'Institut . . . . 290 »
    Les Forçats, une lithographie pour Mme Delpech . . . . 500 »
    Des Grecs, une   —   —   . . . 300 »
Décembre.
    Permission de graver la *Paysanne* . . . . 1.000 »
    Mme Delpech, un dessin, un *Écossais* . . . . 200 »
    21.   —   —   —   . . . . 200 »
    Total de la recette de l'année 1826 . . . . 50.490 »

1827

Janvier.
    Reçu pour un tableau vendu à M. le duc de La Rochefoucaud-Liancourt . . . . 3.000 »
Février.
    Reçu d'Avignon pour la copie du *Mazeppa* . . . . . . 2.000 »
    28. Reçu de M. Schickler pour son portrait . . . . 2.000 »
    Le Ginoux, vendu à M. Schickler . . . . 5.000 »
    Une vue d'aube . . . . 1.000 »
Mars.
    4. 2 petits chevaux vendus à M. Schickler . . . . 1.500 »
Avril.
    Reçu le premier tiers du prix du plafond fait pour le Musée, représentant Jules II . . . . 5.970 »
Mai.
    Reçu le second tiers du même plafond . . . . 5.970 »
Juin.
    Reçu de M. Desoir pour 2 tableaux du *Molière* . . . . 1.000 »
    Reçu de Mme Delpech pour des lithographies . . . . . . 3.000 »

Juillet.
  Acompte sur le tableau de *Philippe-Auguste* . . . . . . 1.500 »
Août.
  Troisième tiers du plafond de *Jules II* pour le Louvre. 5.970 »
Septembre.
  Reçu sur le tableau de *Philippe-Auguste* . . . . 6.500 »
Octobre.
  6 mois de loyer de Mme Schwarz . . . . 1.000 »
Novembre.
  Reçu sur le tableau de *Philippe-Auguste* pour le Louvre . 9.000 »
Décembre.
  Reste du paiement du tableau de *Philippe-Auguste* . . . 7.875 »
  Reçu de Mme Delpech pour lithographie . . . . 400 »
   Total de la recette de l'année 1827. . . . . 64.685 »

1828

Janvier.
  Le loyer de Mme Schwarz . . . . 558.50 »
Mars.
  Reçu pour la permission de graver *Arcole*. . . . . . . 2.000 »
Avril.
  Reçu pour le portrait en pied du maréchal Suchet . . . 6.000 »
Mai.
  Reçu pour 2 portraits de M. Girardin le député. . . . 3.500 »
  Un dessin pour des chansons. . . . . 100 »
Juin.
  Vendu des harnais . . . . 120 »
  Reçu de l'Institut . . . . 300 »
Juillet.
  Reçu de M. le duc d'Orléans pour un tableau représen-
   tant l'*Arrestation des princes* . . . . 6.000 »
  Reçu de M. Jazet pour permission de graver. . . . . . 1.500 »
  Reçu de Mme Schwarz 2 termes de son loyer échus le 1er. 1.000 »
  Vendu le tilbury d'Horace . . . . 500 »
Août.
  Reçu de M. Dupré pour un tableau représentant un
   Combat d'une jument et d'un loup. . . . . 4.000 »
  Reçu de Jazet pour une permission de graver. . . . . 1.000 »
Septembre.
  Pour le tableau de la *Bataille de Fontenoy*. . . . . . . » »

Novembre et Décembre.

Reçu en plusieurs paiements de la Maison du Roi la somme de.	30.000 »
Un portrait de Napoléon	1.500 »
Un cheval pour M. Schickler.	1.500 »
Le portrait de M. Boscavi de Willeplaine	2.000 »
17. Reçu de Mme Schwarz, terme de son loyer.	500 »
31. Reçu de M. Behague, 3 mois de loyer	1.750 »
Total de la recette de l'année 1828.	63.828.50

1829

Janvier.
    Le mois de l'Institut . . . . 116 »

Février.
    Le mois de l'Institut. . . . . 100 »

Mars.
    13. Le mois de l'Institut . . . . 100 »
    Reçu de M. Carette, portrait de son fils . . . . 2.000 »
    Vendu par Janville des bouteilles vides . . . . 26 »

Avril.
    16. Reçu de Mme Schwarz 2 termes de son loyer. . . . . . 1.050 »
    Reçu à l'Institut le mois de mars. . . . . 100 »
    Reçu de Mme Schwarz le prix d'un tapis . . . . 180 »

Mai.
    12. Reçu à l'Institut le mois d'avril . . . . 100 »

Juin.
    13. Reçu à l'Institut le mois de mai . . . . 100 »

Juillet.
    14. Reçu à l'Institut le mois de juin. . . . . 100 »

Août.
    18. Reçu de M. Behegue, solde de ses loyers et impôts . . 1.770 »
    26. Reçu de M. Monnier . . . . 300 »

Septembre.
    12. Reçu de l'Institut le mois d'août. . . . . 100 »

Octobre.
    15. Reçu de M. Gowan, en avance sur la location de la maison . . . . 1.500 »
    Reçu de l'Institut les mois de septembre, octobre et novembre. . . . . 300 »

Décembre.

 31. Reçu pour le tableau de la *Bataille d'Hastings*, 1ᵉʳ terme.   6.000 »
  Le portrait de Mᵐᵉ de Salverte . . . .   1.400 »
  Le *Bouvier* . . . .   4.000 »
  Traitement de la place de Directeur . . . .   6.000 »
  Reçu pour frais de table et d'écurie . . . .   6.000 »
  Reçu pour les frais de voyage de Paris à Rome . . . .   3.000 »
   Total de la recette de l'année 1829 . . . .   34.342 »

1830

Janvier.

 8. Reçu de l'Institut le mois de Décembre 1829. . . . . .   100 »

Février.

 15. Reçu 3 termes au 1ᵉʳ janvier 1830 des loyers dus par
  Mᵐᵉ Schwarz . . . .   1.650 »
  Reçu le mois de janvier à l'Institut. . . . .   100 »

Mars.

  Reçu le mois de février à l'Institut . . . .   100 »

Avril.

  Reçu de M. Gowon le loyer de la grande maison. . . .   1.500 »

Juillet.

  Reçu les loyers de M. Sampago. . . . .   1.025 »
  Reçu les mois de l'Institut, mars, avril, mai, juin . .   400 »

Août.

 14. Reçu de Mᵐᵉ Delpech . . . .   110 »

Octobre.

 15. Reçu 3 termes du loyer de Mᵐᵉ Schwarz . . . .   1.600 »
 15. Reçu un terme de loyer de M. Sampayo . . . .   1.025 »

Décembre.

  Reçu 5 mois de l'Institut . . . .   500 »
  Un tableau vendu au prince Galitzine . . . .   2.000 »
  Traitement de la place de Directeur . . . .   6.000 »
  Reçu pour frais de table et d'écurie. . . . .   6.000 »
   Total de la recette de l'année 1830 . . . .   22.110 »

1831

Avril.

 15. Reçu 2 termes de M. Sampayo. . . . .   2.050 »

Juillet.

  Reçu de Mᵐᵉ Lallemand pour loyer petite maison . . .   225 »

APPENDICE

31. Reçu de M. H. Vernet, remis à M. Pigneux. Cette somme doit être pour le paiement du *Combat des brigands* et pour la *Confession des brigands*	9.000 »

Août.

9. Reçu de M. Aumont pour permission de graver.	1.000 »
11. Reçu de M. Jazet pour — —	1.500 »
13. Reçu de M. Aumont — —	500 »

Juillet.

31. Reçu 2 termes du loyer de M. Sampayo	2.050 »

Août.

25. Reçu de M. d'Eichtal, prix du tableau *la Victoria*.	3.500 »

Octobre.

1ᵉʳ. Reçu de Mᵐᵉ Lallemand, terme de loyer	450 »
14. Reçu de la liste civile pour la *Judith*	497.430 »
M. Vernet a remis à M. Berton pour achats à faire pour Mᵐᵉ Vernet	2.370 »
Reçu les 12 mois de l'Institut	1.200 »
Un tableau vendu à M. de Vogüé	1.100 »
Le portrait des enfants de M. Grévy	2.718 »
Traitement de la place de Directeur	6.000 »
Reçu pour frais de table et d'écurie	6.000 »
Total de la recette de l'année 1831	44.637.30

1832

Janvier.

15. Reçu un terme loyer de M. Sampayo	1.025 »
Reçu de Mᵐᵉ Lallemand un terme	450 »
26. Reçu de Mᵐᵉ Schwarz sur ce qu'elle redoit	1.200 »
Reçu de M. Sampayo pour dépenses dans le salon	300 »

Février.

13. Reçu de Jazet pour permission de graver (*les Brigands*).	1.500 »

Avril.

15. Reçu le loyer de M. Sampayo	1.025 »
15. Reçu le loyer de Mᵐᵉ Lallemand	450 »

Juillet.

Reçu le loyer de M. Sampayo	1.025 »
Reçu le loyer de Mᵐᵉ Lallemand	450 »

Octobre.

Reçu le loyer de M. Sampayo	1.025 »
Reçu le loyer de Mᵐᵉ Lallemand	450 »

Reçu les 12 mois de l'Institut . . . . 1.200 »
Les portraits de M. et Mme Radcliff. . . . . 700 »
Le portrait de Mlle Cambell. . . . . 1.200 »
Traitement de la place de Directeur . . . . 6.000 »
Reçu pour frais de table et d'écurie . . . . 6.000 »

    Total de la recette de l'année 1832. . . . . . . 24.000 »

1833

Janvier.

14. Reçu 3 mois de loyer de Mme Lallemand. . . . . . . 450 »

Février.

13. Reçu chez M. Fould pour un portrait. . . . . 1.263 »
20. Reçu de M. Didier Petit pour le tableau du roi Hérold. 6.000 »

Avril.

6. Reçu de M. Sampayo 2 termes de son loyer. . . . . . 2.050 »
15. Reçu de Mme Lallemand, loyer. . . . . 450 »

Juin.

3. Reçu de la liste civile le portrait du Roi. . . . . . . 6.000 »
Le tableau de *Raphaël au Vatican*. . . . . 12.000 »
Pour le tableau du *Pape porté dans Saint-Pierre* . . . 12.000 »
Pour le tableau le duc d'Orléans à l'Hôtel de ville. . 10.000 »

Juillet.

10. Reçu 3 mois du loyer de Mme Lallemand. . . . . . . 450 »

Août.

20. Reçu au Trésor pour le voyage de M. Vernet en 1831. 4.040 »

Octobre.

15. Reçu 3 mois de loyer de Mme Lallemand. . . . . . . 450 »

Novembre.

15. Reçu pour l'ancienne liste civile pour le portrait du maréchal Molitor . . . . 1.990 »
12 mois de traitement de l'Institut . . . . 1.200 »
Les portraits de M. et Mme Egnard . . . . 3.000 »
Les *Arabes conversant sous un figuier*, vendu à Lord Pembroke. . . . . 8.000 »
Le portrait de Mme la marquise de Dalmatie. . . . . 5.000 »
Répétition des *Arabes*, vendu à M. de Gouvieff . . . 8.000 »
Traitement de la place de Directeur . . . . 6.000 »
Reçu pour frais de table et d'écurie . . . . 6.000 »
Oublié la *Rébaux*, vendue à M. le duc de Rohan . . . 3.000 »

    Total de la recette de l'année 1833. . . . . 97.343 »

APPENDICE

	17. Reçu sur la succession de mon père	1.000 »
	31. Du général Rapp pour la *Mort de Poniatowski*. . . .	1.200 »
Février.		
	2. Mois d'un élève.	24 »
	11. Un tiers du tableau représentant *Don Sanche* pour le maître du roi.	1.990 »
	15. 3 costumes	100 »
	24. Deuxième tiers du tableau *Don Sanche*	1.990 »
Mars.		
	7. Un dessin lithographie pour M. de Lasteyrie	120 »
	18. 3 costumes	100 »
Mai.		
	14. Reçu le troisième tiers du tableau de *Don Sanche*. . .	1.990 »
	16. Un dessin lithographie	150 »
	26. 6 costumes	200 »
	28. Le portrait du colonel de Morney.	1.000 »
Juin.		
	28. 6 costumes	200 »
Juillet.		
	2. Un tableau vendu à M. Anisson.	1.500 »
	9. Une pierre lithographique	600 »
	11. 3 costumes	100 »
	25. Reçu sur la succession	248 »
Septembre.		
	Un costume français	60 »
	20. 3 costumes	100 »
	25. Reçu pour un dessin représentant un tombeau, Mme Mourginot	300 »
Octobre.		
	15. Un petit tableau pour le *Molière* de M. Desoir.	288 »
	16. 2 tableaux pour M. le duc d'Orléans	1.400 »
Novembre.		
	20. Le portrait de M. le duc d'Orléans.	3.000 »
	30. Un petit tableau pour le *Molière* de M. Desoir.	288 »
Décembre.		
	1er. Un dessin lithographie	100 »
	11. —	100 »
	22. —	140 »
	Total de la recette de l'année 1817.	18.488 »

1818

Janvier.
- 1 à 6. Un tableau pour Mlle d'Orléans, *le duc d'Orléans à Vendôme*, souvenir d'un prêtre . . . . 1.000 »
- Un dessin lithographie . . . . 130 »
- 25. Un tableau pour le *Molière* . . . . 288 »

Février.
- 18. Une lithographie pour M. Delpech . . . . 600 »

Mars.
- 5. Une lithographie pour M. Delpech . . . . 160 »
- 11. Un dessin pour le *Molière* . . . . 288 »
- 14. De Mme Delpech . . . . 200 »
- 19. — pour une lithographie . . . . 160 »
- 20. Acompte sur un tableau pour Aumont . . . . 400 »
- 25. Le portrait de M. Anisson . . . . 1.200 »

Avril.
- 4. Le portrait du cheval de M. de Somariva . . . . 600 »
- 15. Une lithographie pour M. Delpech . . . . 200 »
- 16. De M. Aumont pour un tableau, deuxième acompte . . 300 »

Mai.
- Le portrait du colonel Thalouët . . . . 3.000 »

Juin.
- 1 à 8. 2 tableaux pour le duc d'Orléans, *le Grenadier* et une *Scène dans les montagnes de la Suisse* . . . . 2.400 »
- 15. Une lithographie pour Mme Delpech . . . . 200 »
- 25. Un dessin pour M. Mallet . . . . 200 »

Juillet.
- 9. Une lithographie pour Angelman . . . . 250 »
- 29. — pour Mme Delpech . . . . 800 »

Août
- 14. Pour la lithographie de Mme Delpech . . . . 200 »

Septembre.
- 1er. Reçu de Mme Delpech lithographie . . . . 500 »
- 10. *Les Vaches* vendues à M. le duc d'Orléans . . . . . . 1.500 »
- 16. Ancien dessin vendu à M. Colnaghi . . . . 100 »
- 24. Reçu sur la succession de mon père . . . . 351 »
- 25. Reçu sur une copie du *Soldat de Waterloo* . . . . . . 150 »
- 28. Un petit portrait de Napoléon . . . . 250 »

Octobre.
- 9. Vendu un tableau à M. Delessert. . . . . 2.000 »
- 13. Vendu tableau à M. Odiat, *les Enfants de Paris*. . . . 1.000 »

Novembre.
- 10. Vendu une marine à M. le duc d'Orléans . . . . 2.000 »
- 12. 3 lithographies pour Mme Delpech . . . . 400 »
- 28. Une lithographie pour M. de Forbin . . . . 1.000 »

Décembre.
- 10 lithographies pour Mme Delpech (album). . . . . . 1.350 »

Total de la recette de l'année 1818 . . . . 23.177 »

1819

Janvier.
- De Mme Delpech pour une lithographie. . . . . 500 »
- 18. Reçu sur la succession de mon père . . . . 1.000 »

Février.
- 20. Reçu de M. le duc d'Orléans pour *l'Arabe* . . . . 4.000 »

Mars.
- 1 à 9. Reçu sur la succession de mon père. . . . . 9.129 »
- De M. Aumont pour *le Grenadier* . . . . 310 »

Avril.
- Vendu de la vieille argenterie et du vieil or. . . . . . 330 »
- Une fable lithographiée. . . . . 100 »
- Un tableau pour le *Molière* de Desoir . . . . 300 »

Mai.
- Vendu une gravure. . . . . 15 »
- Reçu la vente sur l'État. . . . . 52 »
- Une fable lithographiée. . . . . 100 »

Juin.
- 5. Reçu de Mme Delpech pour le stage . . . . 200 »
- 8. Vendu un tableau à M. de Lariboissière (*Grenadier*). . 1.500 »
- 15. Reçu de M. le duc d'Orléans pour une tête de folle. . . 1.000 »
- 18. Une fable de La Fontaine . . . . 100 »

Août.
- 6. Reçu de la succession de mon père . . . . 721 »
- Un dessin pour un Russe . . . . 200 »

Septembre.
- 1 à 10. De M. de Jassenet pour un tableau de Molière. . . . 1.000 »
- 23. 2 lithographies, *la Vie d'un soldat*. . . . . 1.000 »

Novembre.
- 2. Vendu 2 tableaux à M. le duc de Berny, *le Chien du régiment* et *le Trompette blessé* . . . . 5.000 »
- 6. 2 fables lithographiées . . . . 200 »
- 11. Reçu de Jazet pour permission de gravure . . . . . . 500 »
- 27. De la maison du roi pour le *Pacha*, grand tableau . . 9.950 »
- 31. Un dessin pour M. Maquinon-Marvis . . . . 160 »

Décembre.
- 14. 2 lithographies pour Mme Delpech . . . . 500 »
- 19. 1 — — . . . . 200 »
- 27. Une fable lithographiée. . . . . 100 »

Total de la recette de l'année 1819 . . . . 38.167 »

1820

Avril.
- Reçu pour le prix d'un tableau de genre . . . . 4.000 »
- Une fable lithographiée. . . . . 100 »

Juin.
- 1er. Reçu de Mme Delpech une lithographie . . . . 150 »
- 10. — — . . . . 140 »
- 16. Un petit tableau, suite du *Molière* de Desoir . . . . . 300 »
- 24. Le portrait de Mme de Marnisier. . . . . 1.200 »
- 27. Une fable de La Fontaine . . . . 100 »

Juillet.
- 22. Un dessin pour M. Mcquisson Marvis . . . . 180 »
- 25. Reçu de Mme Delpech pour la *Vie d'un soldat* . . . . . . 600 »

Août.
- 1er. Un petit dessin lithographié . . . . 200 »
- 7. La lithographie de Guivogo. . . . . 1.000 »
- 16. Une vignette pour le Boileau . . . . 100 »
- 29. Reçu de Mme Delpech pour la *Vie d'un soldat*. . . . . . 600 »
- De la succession de mon père. . . . . 483 »

Septembre.
- 1er. Reçu de M. Matichette une marine. . . . . 2.000 »
- 6. Du duc de Liancourt pour un *Grenadier* . . . . 1.500 »

Novembre.
- 4. Reçu de Mme Delpech pour des lithographies. . . . . . 300 »
- 5. De M. Odiat pour la *Barrière de Clichy* . . . . 4.000 »
- 22. De Mme Delpech, lithographies . . . . 200 »
- 24. De la même pour le petit album . . . . 125 »

APPENDICE

    25. De la même pour le petit album . . . . 125 »
    27. De la même pour 2 petits albums. . . . . 250 »

Décembre.
    Reçu pendant le mois de Mme Delpech petit album . . . 1.000 »
    Une fable lithographiée. . . . . 100 »

Août.
    24. Plus reçu de M. Aumont pour permission de gravure, *le Soldat* de M. de Liancourt . . . . 300 »
        Total de la recette pour l'année 1820 . . . . 19.053 »

1821

Janvier.
    1 à 11. Le portrait de Mme Smith . . . . 2.000 »
    15. Une lithographie pour Mme Delpech . . . . 125 »

Mars.
    1 à 9. Reçu de M. le duc d'Orléans pour la *Bataille de Jemmapes*. 8.000 »
    19. Une folle lithographiée. . . . . 100 »

Avril.
    1 à 10. Reçu de Jazet pour permission de gravure . . . . 500 »
    Vendu une Madeleine à M. de Jassant . . . . 1.000 »
    29. Reçu de Mme Delpech lithographie . . . . 150 »
    Un conte de La Fontaine . . . . 100 »
    30. Le portrait de M. Machado . . . . 2.500 »

Mai.
    10. Une lithographie, *la Vie du soldat* 5e . . . . 600 »
    11. De M. Taylor une lithographie . . . . 200 »
    26. Le portrait de M. Germain . . . . 2.000 »

Juin.
    22. Une fable lithographie . . . . 100 »
    29. Une petite marine vendue à M. G. de Lesset . . . . . 1.500 »

Juillet.
    10. Une petite lithographie à Mme Delpech . . . . 150 »
    Le tableau du *Batelier* vendu à M. Lariboissière . . . . 3.000 »
    15. Reçu par permission de gravure le *Tombeau de Napoléon* 500 »
    16. Une petite lithographie. . . . . 200 »
    28. 2 fables de La Fontaine. . . . . 200 »

Août.
    2. Sur tombeau de Napoléon vendu à M. G. Delessert . . 3.000 »
    4. Reçu pour la gravure de ce tableau. . . . . 500 »
    31. De M. Charlemagne 2 lithographies, la *Henriade* . . . 1.500 »

Septembre.
- 3. De M. Cochelet pour 3 petites lithographies . . . . . . 500 »
- 5. Une lithographie pour M. Papillon . . . . 400 »

Octobre.
- 4. Le portrait de M. Piaulx . . . . 1.500 »
- 6. La *Malle-poste*, pour Mme Delpech, lithographie . . . . 800 »
- 10. Une petite marine vendue à M. G. Delessert. . . . . 1.500 »
- 26. Les *Copains* vendus à M. Lafitte . . . . 6.000 »
- La réplique du tombeau de Napoléon pour M. Laffitte. 3.000 »
- 27. Une petite lithographie. . . . . 200 »
- 29. — . . . . 250 »

Novembre.
- 30. De M. Charlemagne pour la *Henriade* . . . . 1.700 »
- De Mme Delpech, une lithographie . . . . 250 »

Décembre.
- 16. De Noël acompte sur une odalisque . . . . 1.000 »
- 22. Une lithographie . . . . 250 »

Total de la recette de l'année 1821. . . . . 45.275 »

1822

Janvier.
- 1 à 3. Reçu de M. G. Delessert pour son portrait . . . . . . 2.000 »
- Une petite marine vendue au même . . . . 1.000 »
- 14. Une marine vendue à M. Duchênes, *un Crépuscule*. . . 1.200 »

Février.
- 1 à 5. Une lithographie de l'empereur Napoléon . . . . 1.500 »
- 9. Deuxième acompte sur l'odalisque . . . . 1.000 »
- Une petite marine à la Société des amis des arts . . . . 2.000 »
- 18. Reçu de Mme Delpech pour une lithographie . . . . . 400 »
- 20. De M. Taylor pour le voyage en Normandie . . . . . . 100 »
- 24. De Mme Delpech une lithographie. . . . . 200 »

Mars.
- 1 à 6. Reçu la vente sur l'Etat. 157 50
- De M. Desoir pour un *Molière* . . . . 300 »
- 21. Solde de l'*Odalisque*. . . . . 1.000 »
- 28. Un dessin pour le *Don Quichotte*. . . . . 120 »

Mai.
- 1er. Une grande marine vendue à la maison du roi, *Joseph Vernet peignant une tempête* . . . . 6.000 »

APPENDICE

	Le portrait de M. Anisson	1.000 »
	Une lithographie pour M. Charlemagne, la *Henriade* .	500 »
Juin.		
	25. Une lithographie pour la *Henriade*	800 »
	Reçu sur la vente sur l'État.	52 50
Juillet.		
	14. Une lithographie pour la *Vie de Napoléon*	1.500 »
	15. Reçu de Jazet pour permission de gravure lithographiée	1.000 »
	19. Une lithographie pour la *Henriade*	800 »
Août.		
	24. De M. Aumont pour permission de gravure, *la Barrière de Clichy*	1.000 »
Septembre.		
	Reçu de M. de Jassent pour la *Porte de Barcelone* . . .	2.400 »
Novembre.		
	Vendu à M. le duc d'Orléans la *Bataille de Montmirail*.	10.000 »
Décembre.		
	Vendu un vieux piano	300 »
	Reçu de Mme Delpech pour 7 lithographies	1.950 »
	Plus une lithographie oubliée	250 »
	Total de la recette de l'année 1822.	38.530 »

1823

Janvier.		
	1 à 25. 2 pierres lithographiées pour la *Henriade*	1.600 »
Février.		
	4. Un tableau vendu à M. le duc de Liancourt	1.500 »
	10. Pour la permission à Jazet de graver le tableau	1.000 »
	12. Un tableau vendu à Joinville, *la Dernière cartouche*. .	2.500 »
	Reçu pour la permission de graver ce tableau	1.000 »
Mars.		
	12. Un tableau vendu à la Société des amis des arts	3.000 »
	17. Un petit tableau vendu à M. G. Delessert	1.200 »
	Une petite lithographie Munocordato	200 »
Mai.		
	10. Vendu à M. le duc d'Orléans un petit tableau	1.200 »
	18. Vendu à la pension Naviskin 2 portraits de Napoléon .	2.000 »
	Reçu pour permission de graver un des portraits . . .	1.000 »

Juillet.
- 10. Un acompte sur le portrait du maréchal Gouvion Saint-Cyr . . . . 2.000 »

Août.
- 6. De Mme Schroth pour un cheval. . . . . 700 »
- 16. De Mme Delpech 2 lithographies . . . . 500 »
- 21. Un petit tableau vendu à la Société des Arts . . . . . 700 »
- 28. Pour 2 pierres pour la *Henriade* . . . . 1.100 »

Septembre.
- 6. Une pierre pour la *Vie de Napoléon* . . . . 1.500 »
- 8. 2 pierres pour Mme Delpech. . . . . 500 »
- 15. Un portrait de Mme Mallet. . . . . 1.500 »
- Copie du même portrait . . . . 700 »

Octobre.
- 15. Une pierre lithographiée pour Mme Delpech . . . . . 250 »
- 20. Un tableau de chasse vendu à M. Schroth . . . . 2.000 »
- Un tableau représentant un Écossais, à M. Schroth . . 1.500 »
- 24. Un petit dessin vendu au même. . . . . 150 »

Novembre.
- Vendu une gravure . . . . 150 »

Décembre.
- Vendu une gravure . . . . 150 »
- Reçu de Mme Delpech pour de la lithographie . . . . . 3.700 »
- Total de la recette pour l'année 1823 . . . . 34.900 »

1824

Janvier.
- 4. Un tableau vendu à M. Schroth, une *Chasse au brouillard*. 2.000 »
- 29. Un tableau vendu au même, un *Dromadaire*. . . . . . 1.000 »
- Un tableau pour le *Molière* de Desoir . . . . 500 »

Mars.
- 10. Sur la *Bataille d'Hanau* à M. le duc d'Orléans. . . . 10.000 »
- 26. Une petite marine à M. Duchêne . . . . 1.200 »
- 29. Un petit dessin à M. Duchêne . . . . 100 »

Avril.
- 21. Le portrait de Mme de Castellane . . . . 5.000 »
- Une marine vendue à M. Schroth . . . . 1.200 »

Mai.
- 31. Reste du paiement du portrait du maréchal Gouvion Saint-Cyr (prix 6.000 francs, 2.000 francs payés en 1823) 4.000 »

APPENDICE

Juin.
    Une marine vendue à M. Duchêne . . . . 1.500 »
    2 pierres lithographiées pour la *Henriade* . . . . 1.600 »

Août.
    1 à 16. Portrait du jeune de Castellane. . . . . 1.000 »
    21. *Un sujet turc*, vendu à M. Schroth . . . . 1.500 »
    27. Le portrait du duc d'Angoulême . . . . 9.950 »

Septembre.
    Reçu de MM. Aumont et Jazet pour la permission de graver le portrait du duc d'Angoulême et les *Courses d'hommes*, acompte moitié . . . . 2.000 »

Novembre.
    2. De M. de Chambure, acompte sur les *Adieux de Napoléon à Fontainebleau*. . . . . 3.000 »
    21. De Jazet et Aumont, permission de graver le portrait du roi (acompte) . . . . 2.000 »

Décembre.
    5. De M. Schickler, une *Chasse*. . . . . 8.000 »
    Lithographies pour Mme Delpech . . . . 600 »
    Vendu 3 gravures de l'atelier. . . . . 80 »
    31. Reçu de Jazet et Aumont, pour la permission de graver le portrait du roi Charles X . . . . 2.000 »

Juillet.
    Le portrait de M. de Montmorency . . . . 1.500 »
    Une marine, des pêcheurs, à M. Duchêne . . . . . . 1.500 »
    Total de la recette pour l'année 1824 . . . . . . 61.230 »

1825

Janvier.
    2. Reçu pour le portrait du roi Charles X. . . . . 9.950 »
    De M. Duchesne, pour un cheval de course . . . . . . 1.500 »

Février.
    1er. De M. Schroth, pour une marine. . . . . 1.380 »
    — . . . . 130 »
    12. De M. Duchesne, un petit tableau. . . . . 500 »
    Du même, un tableau, une course. . . . . 2.000 »

Mars.
    Un tableau pour la suite du *Molière*. . . . . 500 »

Avril.
    Prix de 2 lithographies pour la *Henriade*. . . . . . . 1.600 »
    Pour un piano . . . . 400 »

Mai.
- 10. De M. Duchesne un tableau : *Braconnier* . . . . 300 »
- 12. Du même, une chasse . . . . 1.000 »
- 13. De M. de Chambure, solde des *Adieux de Napoléon*. . 4.000 »
- 18. Reçu pour le portrait de Mme de l'Epinay . . . . . . 2.000 »
- 19. Pour la permission de graver les *Courses de Rome* . . . 2.000 »

Juin.
- 7. Reçu de M. de Lavalette, pour un tableau représentant son évasion. 8.000 »
- 18. Reçu de M. Duchesne un petit tableau : *Pêcheur* . . . 500 »
- Sur un dessin : *l'Empereur à Sainte-Hélène* . . . . . . 500 »
- Du même, une tête de l'Empereur mort . . . . 500 »
- 24. Reçu pour la copie du portrait de Mme de l'Epinay . . 1.000 »
- Permission de graver la tête de l'Empereur . . . . . . 400 »

Août.
- Reçu de M. Taylor, une vignette lithographiée . . . . . 250 »

Septembre.
- De M. Duchesne, pour le tableau de *Mazeppa* . . . . 15.000 »

Novembre.
- Un dessin pour la Maison du Roi . . . . 750 »
- Pris sur le tableau de M. Odint . . . . 2.000 »

Décembre.
- Un petit tableau pour le *Molière* de Desoir . . . . . . 500 »
- Le portrait du général Foy pour M. de Chambure. . . 2.500 »
- — — lithographie pour Mme Delpech . . . . 500 »
- Un tableau vendu à la Société des Amis des Arts . . . 1.500 »
- Une lithographie pour Mme Delpech. . . . . 400 »
- Total de la recette pour l'année 1825 . . . . . . 61.580 »

1826

Janvier.
- 8. Reste du paiement du tableau vendu à M. Odint. . . . 3.000 »
- 28. 2 tableaux vendus à M. Sazerai. . . . . 2.500 »

Mars.
- 1er. Le portrait du prince Frédéric . . . . 6.000 »
- 24. Le portrait de M. de la Grange . . . . 1.500 »

Avril.
- 28. Sur la *Bataille de Valmy* pour M. le duc d'Orléans . . 10.000 »

Mai.
- 15. Le portrait du maréchal Suchet . . . . 2.500 »

APPENDICE

Juin.
 10. Acompte de Jazet, *le Talisman de la Paysanne* . . . . 1.500 »
 21. Le portrait de M. Pourtalis . . . . 2.000 »
 29. De M. Jazet, reste d'un paiement, *la Paysanne* . . . . 1.500 »

Juillet.
 Le portrait de M. Demidoff . . . . 3.300 »

Août.
 19. Le portrait de Mme Friant . . . . 4.000 »

Septembre.
 Le *Pont d'Arcole*, pour M. Laffitte . . . . 10.000 »

Novembre.
 Reçu de l'Institut . . . . 290 »
 Les Forçats, une lithographie pour Mme Delpech . . . 500 »
 Des Grecs, une   —   — . . . . 300 »

Décembre.
 Permission de graver la *Paysanne* . . . . 1.000 »
 Mme Delpech, un dessin, un *Écossais* . . . . 200 »
 21.   —   —   — . . . . 200 »
   Total de la recette de l'année 1826 . . . . 50.490 »

1827

Janvier.
 Reçu pour un tableau vendu à M. le duc de La Roche-
  foucaud-Liancourt . . . . 3.000 »

Février.
 Reçu d'Avignon pour la copie du *Mazeppa* . . . . 2.000 »
 28. Reçu de M. Schickler pour son portrait . . . . 2.000 »
 Le Ginoux, vendu à M. Schickler . . . . 5.000 »
 Une vue d'aube . . . . 1.000 »

Mars.
 4. 2 petits chevaux vendus à M. Schickler . . . . 1.500 »

Avril.
 Reçu le premier tiers du prix du plafond fait pour le
  Musée, représentant Jules II . . . . 5.970 »

Mai.
 Reçu le second tiers du même plafond . . . . 5.970 »

Juin.
 Reçu de M. Desoir pour 2 tableaux du *Molière* . . . . . . 1.000 »
 Reçu de Mme Delpech pour des lithographies . . . . . 3.000 »

Juillet.		
	Acompte sur le tableau de *Philippe-Auguste*	1.500 »
Août.		
	Troisième tiers du plafond de *Jules II* pour le Louvre.	5.970 »
Septembre.		
	Reçu sur le tableau de *Philippe-Auguste*	6.500 »
Octobre.		
	6 mois de loyer de Mme Schwarz.	1.000 »
Novembre.		
	Reçu sur le tableau de *Philippe-Auguste* pour le Louvre	9.000 »
Décembre.		
	Reste du paiement du tableau de *Philippe-Auguste*	7.875 »
	Reçu de Mme Delpech pour lithographie	400 »
	Total de la recette de l'année 1827	64.685 »

1828

Janvier.		
	Le loyer de Mme Schwarz	558.50 »
Mars.		
	Reçu pour la permission de graver *Arcole*.	2.000 »
Avril.		
	Reçu pour le portrait en pied du maréchal Suchet	6.000 »
Mai.		
	Reçu pour 2 portraits de M. Girardin le député.	3.500 »
	Un dessin pour des chansons.	100 »
Juin.		
	Vendu des harnais	120 »
	Reçu de l'Institut	300 »
Juillet.		
	Reçu de M. le duc d'Orléans pour un tableau représentant l'*Arrestation des princes*	6.000 »
	Reçu de M. Jazet pour permission de graver.	1.500 »
	Reçu de Mme Schwarz 2 termes de son loyer échus le 1er.	1.000 »
	Vendu le tilbury d'Horace	500 »
Août.		
	Reçu de M. Dupré pour un tableau représentant un *Combat d'une jument et d'un loup*.	4.000 »
	Reçu de Jazet pour une permission de graver.	1.000 »
Septembre.		
	Pour le tableau de la *Bataille de Fontenoy*.	» »

Novembre et Décembre.
    Reçu en plusieurs paiements de la Maison du Roi la somme de. . . . . 30.000 »
    Un portrait de Napoléon . . . . 1.500 »
    Un cheval pour M. Schickler. . . . . 1.500 »
    Le portrait de M. Boscavi de Willeplaine . . . . 2.000 »
17. Reçu de Mme Schwarz, terme de son loyer. . . . . . 500 »
31. Reçu de M. Behague, 3 mois de loyer . . . . 1.750 »
    Total de la recette de l'année 1828. . . . . . 63.828.50

1829

Janvier.
    — Le mois de l'Institut . . . . 116 »
Février.
    Le mois de l'Institut. . . . . 100 »
Mars.
13. Le mois de l'Institut . . . . 100 »
    Reçu de M. Carette, portrait de son fils . . . . . . 2.000 »
    Vendu par Janville des bouteilles vides . . . . . . 26 »
Avril.
16. Reçu de Mme Schwarz 2 termes de son loyer. . . . 1.050 »
    Reçu à l'Institut le mois de mars. . . . . 100 »
    Reçu de Mme Schwarz le prix d'un tapis . . . . 180 »
Mai.
12. Reçu à l'Institut le mois d'avril . . . . 100 »
Juin.
13. Reçu à l'Institut le mois de mai . . . . 100 »
Juillet.
14. Reçu à l'Institut le mois de juin . . . . 100 »
Août.
18. Reçu de M. Behague, solde de ses loyers et impôts . . 1.770 »
26. Reçu de M. Monnier . . . . 300 »
Septembre.
12. Reçu de l'Institut le mois d'août . . . . 100 »
Octobre.
15. Reçu de M. Gowan, en avance sur la location de la maison . . . . 1.500 »
    Reçu de l'Institut les mois de septembre, octobre et novembre. . . . . 300 »

Décembre.
31. Reçu pour le tableau de la *Bataille d'Hastings*, 1er terme.	6.000 »
Le portrait de Mme de Salverte	1.400 »
Le *Bouvier*	4.000 »
Traitement de la place de Directeur	6.000 »
Reçu pour frais de table et d'écurie	6.000 »
Reçu pour les frais de voyage de Paris à Rome	3.000 »
Total de la recette de l'année 1829	34.342 »

1830

Janvier.
8. Reçu de l'Institut le mois de Décembre 1829	100 »

Février.
15. Reçu 3 termes au 1er janvier 1830 des loyers dus par Mme Schwarz	1.650 »
Reçu le mois de janvier à l'Institut	100 »

Mars.
Reçu le mois de février à l'Institut	100 »

Avril.
Reçu de M. Gowon le loyer de la grande maison	1.500 »

Juillet.
Reçu les loyers de M. Sampago	1.025 »
Reçu les mois de l'Institut, mars, avril, mai, juin	400 »

Août.
14. Reçu de Mme Delpech	110 »

Octobre.
15. Reçu 3 termes du loyer de Mme Schwarz	1.600 »
15. Reçu un terme de loyer de M. Sampayo	1.025 »

Décembre.
Reçu 5 mois de l'Institut	500 »
Un tableau vendu au prince Galitzine	2.000 »
Traitement de la place de Directeur	6.000 »
Reçu pour frais de table et d'écurie	6.000 »
Total de la recette de l'année 1830	22.110 »

1831

Avril.
15. Reçu 2 termes de M. Sampayo	2.050 »

Juillet.
Reçu de Mme Lallemand pour loyer petite maison	225 »

APPENDICE

Août.	31. Reçu de M. H. Vernet, remis à M. Pigneux. Cette somme doit être pour le paiement du *Combat des brigands* et pour la *Confession des brigands*	9.000 »
	9. Reçu de M. Aumont pour permission de graver. . . .	1.000 »
	11. Reçu de M. Jazet pour — — . . .	1.500 »
	13. Reçu de M. Aumont — — . . .	500 »
Juillet.		
	31. Reçu 2 termes du loyer de M. Sampayo	2.050 »
Août.		
	25. Reçu de M. d'Eichtal, prix du tableau *la Victoria*. . .	3.500 »
Octobre.		
	1er. Reçu de Mme Lallemand, terme de loyer	450 »
	14. Reçu de la liste civile pour la *Judith*	497.430 »
	M. Vernet a remis à M. Berton pour achats à faire pour Mme Vernet	2.370 »
	Reçu les 12 mois de l'Institut................	1.200 »
	Un tableau vendu à M. de Vogüé.	1.100 »
	Le portrait des enfants de M. Grévy	2.718 »
	Traitement de la place de Directeur	6.000 »
	Reçu pour frais de table et d'écurie	6.000 »
	Total de la recette de l'année 1831...........	44.637.30

1832

Janvier.		
	15. Reçu un terme loyer de M. Sampayo	1.025 »
	Reçu de Mme Lallemand un terme.	450 »
	26. Reçu de Mme Schwarz sur ce qu'elle redoit.	1.200 »
	Reçu de M. Sampayo pour dépenses dans le salon . . .	300 »
Février.		
	13. Reçu de Jazet pour permission de graver (*les Brigands*).	1.500 »
Avril.		
	15. Reçu le loyer de M. Sampayo	1.025 »
	15. Reçu le loyer de Mme Lallemand.............	450 »
Juillet.		
	Reçu le loyer de M. Sampayo	1.025 »
	Reçu le loyer de Mme Lallemand.	450 »
Octobre.		
	Reçu le loyer de M. Sampayo.	1.025 »
	Reçu le loyer de Mme Lallemand	450 »

Reçu les 12 mois de l'Institut	1.200 »
Les portraits de M. et Mme Radcliff	700 »
Le portrait de Mlle Cambell	1.200 »
Traitement de la place de Directeur	6.000 »
Reçu pour frais de table et d'écurie	6.000 »
Total de la recette de l'année 1832	24.000 »

1833

Janvier.

14. Reçu 3 mois de loyer de Mme Lallemand	450 »

Février.

13. Reçu chez M. Fould pour un portrait	1.263 »
20. Reçu de M. Didier Petit pour le tableau du roi Hérold	6.000 »

Avril.

6. Reçu de M. Sampayo 2 termes de son loyer	2.030 »
15. Reçu de Mme Lallemand, loyer	450 »

Juin.

3. Reçu de la liste civile le portrait du Roi	6.000 »
Le tableau de *Raphaël au Vatican*	12.000 »
Pour le tableau du *Pape porté dans Saint-Pierre*	12.000 »
Pour le tableau le duc d'Orléans à l'habit de ville	10.000 »

Juillet.

10. Reçu 3 mois du loyer de Mme Lallemand	450 »

Août.

20. Reçu au Trésor pour le voyage de M. Vernet en 1831	4.040 »

Octobre.

15. Reçu 3 mois de loyer de Mme Lallemand	450 »

Novembre.

15. Reçu pour l'ancienne liste civile pour le portrait du maréchal Molitor	1.990 »
12 mois de traitement de l'Institut	1.200 »
Les portraits de M. et Mme Egnard	3.000 »
Les *Arabes conversant sous un figuier*, vendu à Lord Pembroke	8.000 »
Le portrait de Mme la marquise de Dalmatie	5.000 »
Répétition des *Arabes*, vendu à M. de Gouvieff	8.000 »
Traitement de la place de Directeur	6.000 »
Reçu pour frais de table et d'écurie	6.000 »
Oublié la *Rébaux*, vendue à M. le duc de Rohan	3.000 »
Total de la recette de l'année 1833	97.343 »

APPENDICE

1834

Janvier.

15. Reçu 3 mois de loyer de Mme Lallemand	450	»
Reçu 3 trimestres échus du loyer de M. Sampayo	3.075	»

Octobre.

14. Reçu de Mme Lallemand le loyer	450	»
23. Reçu de M. Jazet pour permission de graver	3.000	»

Novembre.

Reçu de M. Sampayo pour 3 trimestres de son loyer	3.500	»
Reçu 10 mois du traitement de l'Institut	1.000	»
Un tableau vendu à M. le comte de Ferson	1.000	»
Une *Chasse au sanglier* pour le même	1.000	»
Vendu au même un *Arabe*	1.000	»
— une vue de Bône	1.000	»
Une *Chasse aux lions* vendue à M. de Ferson	1.000	»
Une chasse sur le (*Illisible*) vendue à Mme de Mortemart	1.000	»
Un tableau vendu à M. de Fusen	2.000	»
Vendu à un Russe un tableau	3.000	»
Reçu pour le paiement du portrait du roi de Sardaigne	14.000	»
Reçu le traitement de la place de Directeur	6.000	»
Reçu pour frais de voyage de Rome à Paris	3.000	»
Reçu pour frais de table et d'écurie	6.000	»
Recette totale de l'année 1834	51.475	»

1835

Janvier.

15. Reçu de Mme la baronne Lallemand, 3 mois échus le 1er janvier 1855 de son loyer	450	»
Mois de décembre 1834, traitement de l'Institut	100	»
Les mois de septembre et octobre 1834 qui n'ont pas été portés à la suite, traitement de l'Institut	200	»

Mars.

Reçu 2 mois du traitement de l'Institut	200	»

Avril.

Reçu 3 mois du loyer de Mme Lallemand	450	»
Reçu de M. Aumont pour gravures	400	»

Mai.
 1. Reçu de M. Aumont pour gravures. . . . . 300 »
 3. Reçu de Marcille le paiement du tableau représentant la *Colère à bord de la Melpomène* . . . . 8.000 »
 13. Reçu de Jazet pour un tableau représentant la *Chasse aux sangliers en Afrique*. . . . . 6.000 »

Juin.
 24. Reçu du Trésor pour solde du portrait du maréchal Molitor . . . . 1.990 »
 Reçu au Trésor de la liste civile le prix du tableau de la *Prise de Bône* . . . . 10.000 »
 Reçu de M. Aumont pour estampes. . . . . 450 »
 Loyer de Mme Lallemand. . . . . 450 »

Septembre.
 Reçu le complément du paiement du tableau de la *Chasse aux sangliers à Jazet* et cédé à M. Schickler. 2.000 »
 Reçu de Jazet pour la permission de graver ce tableau. 1.200 »

Octobre.
 2. Reçu de M. Jazet la permission de graver le tableau de la *Judith*. 1.500 »
 11. Reçu un premier acompte sur le prix du tableau représentant la *Bataille d'Iéna*. . . . . 2.000 »

Novembre.
 11. Reçu au Trésor de la liste civile pour acompte sur les tableaux représentant les batailles d'*Iéna*, de *Friedland* et de *Wagram*. . . . . 13.000 »
 11. Traitement de professeur à l'École des Beaux-Arts pour les mois de septembre et octobre. . . . . 379 »

Décembre.
 5. Reçu le traitement de l'Ecole des Beaux-Arts pour le mois de novembre 196 50
 9. Reçu à la caisse de la liste civile pour acompte sur les tableaux d'*Iéna*, *Friedland*, *Wagram*. . . . . 12.000 »
 Plus Horace a reçu 10 mois de l'Institut. . . . . . . 1.000 »
 Total de la recette de l'année 1835. . . . . 62.265 50

1836

Janvier.
 10. Reçu le traitement de l'Ecole des Beaux-Arts pour le mois de décembre 1835 . . . . 183 »

Février.
- 10. Pour le mois de janvier. . . . .   193 »

Mars.
- 10. Pour le mois de février. . . . .   186 »
- 20. Reçu de la succession Schwarz pour loyers arriérés de la maison de la Tour des Dames . . . .   1.225 »

Avril.
- 10. Reçu le traitement de l'Ecole, mois de mars 189 50

Mai.
- 10. Reçu le traitement de l'Ecole, mois d'avril. 189 50
- 17. Reçu de la liste civile pour solde des prix d'exécution des tableaux représentant les batailles d'*Iéna*, *Friedland* et *Wagram* . . . .   27.000 »
- Reçu de M. Jazet pour un tableau représentant un marchand d'esclaves . . . . , ...   4.500 »

Juin.
- 10. Reçu le traitement de l'Ecole des Beaux-Arts pour le mois de mai 207 20
- Reçu pour le portrait de M. le comte de Chastenay. . .   3.500 »

Juillet.
- 10. Reçu le traitement de l'Ecole des Beaux-Arts pour juin. 189 50

Août.
- 10. Reçu le traitement de l'Ecole des Beaux-Arts pour juillet. 196 50

Septembre.
- 15. Reçu de Jazet pour une permission de gravure. . . . .   1.500 »

Octobre.
- Reçu le traitement de l'Ecole des Beaux-Arts pour les mois d'août et septembre. 389 75
- Vente d'une boîte donnée à Horace. . . . .   2.000 »

Novembre.
- 10. Reçu de l'Ecole des Beaux-Arts. . . . .   186 »
- Reçu de M. Jazet pour un tableau représentant une *Chasse aux lions en Afrique*. . . . .   8.000 »
- 13. Reçu de M. le marquis Oudinot pour le portrait de son frère tué en Afrique. . . . .   2.000 »

Décembre.
- 10. Reçu de l'Ecole des Beaux-Arts. . . . .   193 »
- Horace a reçu de l'Institut 12 mois. . . . .   1.200 »
- Total de la recette pour l'année 1836. . . . . . .   53.227 95

1837

Janvier.		
	10. Reçu le traitement de l'Ecole des Beaux-Arts.	196 50
Février.		
	10. Reçu le traitement de l'Ecole des Beaux-Arts.	196 50
	28. Reçu de Jazet pour la permission de graver la *Bataille de Wagram* et celle d'*Iéna*.	3.000 »
Mars.		
	10. Reçu le traitement de l'Ecole des Beaux-Arts.	193 »
	31. Reçu de M. Jazet pour la permission de graver la *Bataille d'Eylau*	1.500 »
Avril.		
	10. Reçu le traitement de l'Ecole des Beaux-Arts.	179 »
	23. Reçu du prince Wittginstein pour le portrait de la princesse, acompte sur la somme de 20.000 francs, prix du tableau	10.000 »
Mai.		
	Vendu 2 gravures.	100 »
	Reçu de M. Smirroff, un petit tableau représentant un *Arabe mort*.	1.000 »
Juin.		
	15. Reçu de M. Jazet la permission de graver le tableau d'*Agar chassée par Abraham*	2.000 »
	28. Reçu de M. le comte de Falhe pour le prix dudit tableau	4.000 »
Juillet.		
	Reçu de M. Jazet la permission de graver le portrait de la princesse Wittginstein, *Chasse au faucon*	1.500 »
Août.		
	Reçu le traitement de l'Ecole des Beaux-Arts . . . . :	196 50
Septembre.		
	Reçu le traitement de l'Ecole des Beaux-Arts.	197 »
	Reçu pour la vente de 3 actions et demie du chemin de fer de la rive droite.	1.276 50
Octobre.		
	3. Reçu le complément du paiement du portrait de la princesse de Wittgenstein	10.000 »
	Reçu le traitement de l'Ecole des Beaux-Arts	196 50
	Reçu pour le gain d'actions du chemin de fer, rive gauche	1.075 »

APPENDICE 217

Novembre.
    7. Reçu le traitement de l'Ecole des Beaux-Arts. 195 40
   20. Reçu de Jazet pour la permission de graver le tableau des *Enfants de Paris* (tableau à M. Odint). . . . . . . 1.500 »

Décembre.
   12. Reçu de l'Ecole des Beaux-Arts . . . . 196 »
   15. Reçu du maréchal Lobau pour un pari gagné par Horace . . . . 3.000 »
       Horace a reçu les 12 mois de l'Institut . . . . 1.200 »
       Total de la recette de l'année 1837. . . . . . . 42.898 40

1838

Janvier.
    4. Reçu le traitement de l'Ecole des Beaux-Arts 189 50

Février.
    9. Reçu le traitement de l'Ecole des Beaux-Arts 196 50
       Reçu de M. Jazet pour un tableau représentant l'*Explosion d'une porte de Constantine*. . . . . 5.000 »
       Reçu du même pour la permission de graver le tableau du *Raphaël au Vatican*. . . . . 1.500 »
       Reçu pour un tableau fait à Rome représentant des *Contrebandiers* . . . . 2.000 »

Mars.
       Reçu le traitement de l'Ecole des Beaux-Arts. 196 50
       Reçu pour des actions. 332 50

Avril.
    5. Reçu le traitement de l'Ecole des Beaux-Arts 189 50

Mai.
       Reçu le traitement de l'Ecole des Beaux-Arts . . . . . 193 »
   11. Reçu pour la *Vie de l'Empereur* illustrée. . . . . . . 3.000 »
   13. Reçu de la liste civile, acompte sur les travaux de Versailles, premier acompte . . . . 12.500 »

Juin.
       Reçu le traitement de l'Ecole des Beaux-Arts. . . . . 196 »

Juillet.
       Reçu pour le tableau de la *Revue de l'Empereur Napoléon*, vendu à l'Empereur de Russie. . . . . . . 25.000 »

Août.
    1. Reçu de M. Dubochet pour l'ouvrage de la *Vie de Napoléon* illustrée . . . . 2.000 »

4. Reçu le traitement de l'Ecole des Beaux-Arts, juin et juillet.............................	389	50
7. Reçu pour le portrait de M. de Aulair.........	3.000	»
Reçu de Jazet pour la permission de graver le tableau du *Pape porté dans Saint-Pierre*............	1.500	»

Septembre.

3. Reçu de M. Dubochet pour *Vie de Napoléon*......	2.000	»
Reçu le mois d'août pour l'Ecole des Beaux-Arts. ..	197	»

Octobre.

8. Reçu de M. Dubochet pour la *Vie de Napoléon*.....	2.000	»
Reçu le traitement de l'Ecole des Beaux-Arts.....	195	50
Reçu pour les actions du chemin de fer d'Orléans...	733	25

Novembre.

Reçu pour le traitement de l'Ecole des Beaux-Arts...	196	50
Reçu de M. Dubochet pour la *Vie de Napoléon*.....	2.000	»

Décembre.

5. Reçu de M. Dubochet pour la *Vie de Napoléon*.....	2.000	»
7. Reçu traitement de l'Ecole des Beaux-Arts.......	196	50
Vendu des gravures.....................	947	»
Horace a reçu 12 mois de l'Institut............	1.200	»
Total de la recette de l'année 1838	69.049	75

1839

Janvier.

Vente du Piémont.....................	19	75
1 à 5. Reçu de l'Ecole des Beaux-Arts, traitement du professeur	193	»
8. Reçu de M. Dubochet pour *Vie de Napoélon*......	2.000	»
12. Vendu quelques gravures................	545	»

Février.

6. Reçu le traitement de l'Ecole des Beaux-Arts......	196	50
18. Reçu de M. Dubochet pour la *Vie de Napoléon*	2.000	»

Mars.

10. Reçu traitement de l'Ecole des Beaux-Arts.......	193	»

Avril.

5. Reçu de M. Dubochet pour la *Vie de Napoléon*.....	2.000	»
10. Reçu traitement de l'Ecole des Beaux-Arts.......	193	»
26. Reçu de M. Dubochet pour la *Vie de Napoléon*	1.000	»

Mai.

1 à 5. Reçu le traitement de l'Ecole des Beaux-Arts.....	189	50
11. Reçu de M. Dubochet pour la *Vie de Napoléon*	1.000	»

Juin.
　1 à 5. Reçu de l'Ecole des Beaux-Arts. 196 50
　　　7. Reçu de M. Dubochet pour la *Vie de Napoléon*. . . . 1.500 »
　　　8. Reçu de M. Jazet pour la permission de graver un petit tableau (un *Cheval* et un *Arabe*) . . . . 500 »

Juillet.
　1 à 3. Reçu de la liste civile pour les travaux de la salle de Constantine, 2ᵉ acompte . . . . 30.000 »
　　　5. Reçu le traitement de l'Ecole des Beaux-Arts . . . . 193 »
　　　6. Reçu de M. Dubochet pour la *Vie de Napoléon*. . . . 2.500 »
　　　　Vente du Piémont. 19 80

Août.
　　1ᵉʳ. Reçu de M. Dubochet pour la *Vie de Napoléon*. . . . 2.000 »
　　　5. Reçu pour le traitement de l'Ecole des Beaux-Arts . . . 196 50

Septembre.
　　　6. Reçu pour le traitement de l'Ecole des Beaux-Arts . . 189 50
　　　7. Reçu de M. Dubochet pour la *Vie de Napoléon*. . . . 2.000 »
　　　27. Reçu de M. Jazet pour la permission de graver le tableau représentant le colonel Changarnier . . . . 1.500 »
　　　28. Reçu de la ville d'Autun le prix dudit tableau. . . . . 4.000 »

Octobre.
　　　3. Reçu pour le traitement de l'Ecole des Beaux-Arts. . . 196 50
　　　5. Reçu pour un tableau représentant une *Vue de Constantine*, vendu par l'entremise de M. Rouquairol. . . . 2.000 »
　　　8. Reçu de M. Dubochet, pour la *Vie de Napoléon* . . . 1.000 »

Octobre.
　　　11. Reçu de M. Dubochet pour la *Vie de Napoléon*. . . . 1.000 »
　　　30. Reçu pour un tableau vendu à M. le duc d'Orléans, *le Maréchal Vallée en Afrique*. . . . . 10.000 »

Novembre.
　　　7. Reçu le traitement de l'Ecole des Beaux-Arts. . . . . 186 »
　　　18. Reçu du ministère de l'Intérieur pour les travaux de la Chambre des députés . . . . 6.000 »

Décembre.
　　　4. Reçu le traitement de l'Ecole des Beaux-Arts. 196 50
　　　7. Reçu de M. Dubochet pour la *Vie de Napoléon* . . . 2.500 »
　　　　Horace a reçu 12 mois de l'Institut. . . . . 1.200 »
　　　　　Total de la recette de l'année 1839 . . . . 78.604 05

1840

Janvier.
 2. Reçu de M. Dubochet pour la *Vie de Napoléon*. . . . . 5.000 »
 3. Reçu le traitement de l'Ecole des Beaux-Arts. . . . . . 193 »

Février.
 5. Reçu le traitement de l'Ecole des Beaux-Arts 204 70
 12. Reçu du ministère de l'Intérieur pour les travaux de la Chambre des députés, 2ᵉ acompte . . . . 6.000 »
 Reçu 4 mois de traitement de l'Institut. . . . . 415 »

Mars.
 5. Reçu de l'Ecole des Beaux-Arts 189 50
 Reçu de M. Dubochet pour la *Vie de Napoléon* . . . . 2.000 »

Avril.
 1ᵉʳ. Reçu de M. Hottinguer pour un petit tableau représentant un *Arabe à cheval*. . . . . 2.500 »
 3. Reçu de la liste civile pour les travaux de Versailles, 3ᵉ acompte . . . . 15.000 »
 4. Reçu de l'Ecole des Beaux-Arts. 189 50
 13. Reçu 2 mois de l'Institut . . . . 200 »
 22. Reçu de M. Dubochet pour la *Vie de Napoléon*. . . . 2.500 »

Mai.
 5. Reçu le traitement de l'Ecole des Beaux-Arts 189 50
 25. Reçu de Jazet pour un tableau représentant l'Empereur Napoléon sortant de son tombeau . . . . 4.000 »

Juin.
 8. Reçu le traitement de l'Ecole des Beaux-Arts . . . . . 200 »

Juillet.
 5. Reçu le traitement de l'Ecole des Beaux-Arts . . . . . 186 »
 15. Reçu de M. Hottinguer pour un petit tableau, *la Chasse de l'Algérienne* . . . . 3.000 »

Août.
 6. Reçu le traitement de l'Ecole des Beaux-Arts 196 50

Septembre.
 16. Reçu le traitement de l'Ecole des Beaux-Arts. . . . . 193 »

Octobre.
 2. Reçu de la liste civile le 4ᵉ acompte pour les travaux de la salle de Constantine . . . . 10.000 »
 15. Intérêts payés par Jamville. 116 70
 19. Reçu le traitement de l'Ecole des Beaux-Arts. 196 50

APPENDICE

Novembre.
    9. Reçu de l'Ecole des Beaux-Arts. 182 50
   25. Reçu du ministère de l'Intérieur pour le travail de la
        Chambre des députés, 3° acompte . . . . 6.000 »

Décembre.
    3. Reçu le traitement de l'Ecole des Beaux-Arts. . . . . . 193 »
   29. Intérêts payés par Jamville. . . . . 150 »
   11. Reçu de la liste civile le 5ᵉ acompte pour les travaux
        de la salle de Constantine . . . . 10.000 »
       Horace a reçu six mois du traitement de l'Institut. . . 600 »
        Total de la recette de l'année 1840 . . . . 69.795 40

1841

Janvier.
    2. Reçu le traitement de l'Ecole des Beaux-Arts. . . . . . 193 »

Février.
    5. Reçu le traitement de l'Ecole des Beaux-Arts . . . . . 200 »

Mars.
    4. Reçu de M. le comte de Pourtalès pour un tableau
        représentant *Thomas et Judas* . . . . 10.000 »
    5. Reçu le traitement de l'Ecole des Beaux-Arts . . . . . 193 »
   29. Intérêts payés par Jamville. . . . . 150 »

Avril.
    6. Reçu de M. Jazet pour la permission de graver *Thomas*. 2.000 »
   10. Reçu le traitement de l'Ecole des Beaux-Arts 189 50

Mai.
   17. Reçu le traitement de l'Ecole des Beaux-Arts . . . . . 193 »

Juin.
   10. Reçu de M. Jazet pour la permission de graver le *Com-
        bat d'une jument avec des loups* . . . . 2.000 »
   13. Reçu de la liste civile le 6ᵉ acompte pour les travaux
        de la salle de Constantine . . . . 10.000 »
   16. Reçu le traitement de l'Ecole des Beaux-Arts 196 50

Juillet.
    2. Vendu un cheval . . . . 300 »
    6. Intérêts payés par Jamville. . . . . 150 »
   26. Reçu le traitement de l'Ecole des Beaux-Arts 189 50

Août.
    7. Reçu le traitement de l'Ecole des Beaux-Arts 196 50

11. Reçu de la liste civile le 7ᵉ acompte pour les travaux
de la salle de Constantine . . . . 10.000 »

Septembre.
5. Reçu le traitement de l'Ecole des Beaux-Arts 189 50

Octobre.
1ᵉʳ. De Jamville, les intérêts . . . . 150 »
9. Reçu le traitement de l'Ecole des Beaux-Arts . . . . . 193 »

Novembre.
6. Reçu le traitement de l'Ecole des Beaux-Arts . . . . . . 193 »

Décembre.
6. Reçu le traitement de l'Ecole des Beaux-Arts 189 50
19. Reçu de la liste civile le 4ᵉ acompte pour les travaux
de la salle de Constantine . . . . 25.000 »
Horace a reçu 12 mois de l'Institut . . . . 1.200 »
Total de la recette de 1841 . . . . 63.266 »

1842

Janvier.
1ᵉʳ. Intérêts payés par Jamville . . . . 150 »
5. Traitement de l'Ecole des Beaux-Arts . . . . 193 »
Reçu pour la permission de graver une tête de Christ
(petit tableau d'Horace m'appartenant) . . . . 500 »

Février.
15. Reçu de la liste civile le 9ᵉ acompte pour les travaux
de la salle de Constantine . . . . 25.000 »
Reçu le traitement de l'Ecole des Beaux-Arts 196 50

Mars.
10. Reçu le traitement de l'Ecole des Beaux-Arts 196 50

Avril.
9. Reçu de la liste civile le 10ᵉ acompte pour les travaux
de la salle de Constantine . . . . 25.000 »
9. Reçu le traitement de l'Ecole des Beaux-Arts . . . . . . 186 »
10. Intérêts payés par Jamville . . . . 150 »
14. Reçu de M. Jeannin, la permission de graver un petit
tableau (*la Poste dans le désert*) . . . . 1.000 »

Mai.
1ᵉʳ. Reçu de la liste civile pour solde des travaux de Versailles 25.000 »
5. Reçu le traitement de l'Ecole des Beaux-Arts . . . . . 193 »
Vendu la jument . . . . 140 »

APPENDICE

	Reçu de M. Jeannin pour permission de graver un petit tableau (la *Prière de l'Arabe*)	1.000 »
	Reçu de M. Giroux pour deux petits tableaux *la Poste dans le désert* et *la Prière de l'Arabe*	5.000 »

Juin.

1ᵉʳ. Reçu de M. Pasquier, chancelier de France, pour son portrait en pied . . . . 10.000 »
Reçu de M. Jazet pour la permission de graver la *Revue de l'Empereur Napoléon*. . . . . 2.000 »
Reçu le traitement de l'Ecole des Beaux-Arts . . . . . . 196 »

Juillet.

4. Reçu traitement de l'Ecole des Beaux-Arts 189 50
10. Reçu 2 mois du traitement de l'Institut. . . . . 205 »

Août.

Reçu traitement de l'Ecole des Beaux-Arts 196 50

Septembre.

2. Reçu le mois d'août de l'Institut 108 40
2. Reçu le traitement de l'Ecole des Beaux-Arts. . . . . . 193 »

Octobre.

5. Reçu le traitement de l'Ecole des Beaux-Arts . . . . . . 193 »
10. Reçu le mois de septembre de l'Institut. . . . . 100 »

Novembre.

4. Reçu le mois d'octobre de l'Institut . . . . 100 »
5. Reçu le traitement de l'Ecole des Beaux-Arts. 189 50

Décembre.

4. Reçu le mois de l'Institut, novembre. . . . . 100 »
7. Reçu de l'Ecole des Beaux-Arts. 196 50
Total de la recette de 1842 . . . . 97.872 40

1843

Janvier.

1 à 3. Le mois de décembre 1842, traitement de l'Institut . . 100 »
Reçu   —   — de l'Ecole des Beaux-Arts. 193 »

Février.

2. Reçu le traitement de l'Institut, mois de janvier. . . . 100 »
Reçu   — de l'Ecole des Beaux-Arts . . . . . 193 »

Mars.

3. Reçu le traitement de l'Institut, février . . . . 100 »
Reçu   — de l'Ecole des Beaux-Arts . . . . . 193 »

Avril.
- 1. Reçu le traitement de l'Institut, mars . . . . 100 »
- Reçu — de l'Ecole des Beaux-Arts . . . . . 186 »
- 15. Intérêts payés par Jamville. . . . . 150 »

Mai.
- 1. Reçu le traitement de l'Institut, avril . . . . 100 »
- Reçu — de l'Ecole des Beaux-Arts . . . . . 182 »

Juin.
- 2. Reçu le traitement de l'Institut, mai. . . . . 100 »
- Reçu — de l'Ecole des Beaux-Arts 196 50

Juillet.
- 3. Reçu le traitement de l'Institut, juin . . . . 100 »
- Reçu — de l'Ecole des Beaux-Arts . . . . . 186 »
- Reçu de M. Jeannin le tiers du gain de la gravure du *Christ au roseau* 315 75

Août.
- 2. Reçu le traitement de l'Ecole des Beaux-Arts 189 50
- Reçu d'Horace à son retour de Russie, partie du prix qui lui a été donné pour le portrait de l'Impératrice. . . . . 36.000 »
- Il a touché à Saint-Pétersbourg . . . . 14.000 »

Septembre.
- Rien. . . . .

Octobre.
- Rien. . . . .

Novembre.
- 2. Reçu de l'Ecole des Beaux-Arts, 2 mois . . . . 372 »

Décembre.
- 2. Reçu de l'Ecole des Beaux-Arts, 1 mois. 196 50
- Horace a reçu le mois de l'Institut. . . . . 600 »
- Oublié d'inscrire, à la date du 1er septembre, avoir reçu de M. Jeannin, éditeur, pour la permission de graver la *Caravane dans le désert*, la somme de . . . . . . 1.500 »
- Total de la recette de l'année 1843 . . . . 55.353 75

1844

Janvier.
- Reçu 2 mois de l'Ecole des Beaux-Arts. . . . . 379 »
- 18. Reçu pour la permission de graver le *Traîneau russe*. 1.500 »

APPENDICE

Février.
- 10. Reçu de l'Ecole des Beaux-Arts . . . . 198 »
- Reçu de M. Giroux pour le *Traîneau russe, Poste sur la mer* . . . . 5.000 »

Mars.
- 3. Reçu de l'Ecole des Beaux-Arts . . . . 193 »
- 1 à 27. Reçu pour un petit tableau, *Voyage dans le désert* . . 4.000 »

Avril.
- 2. Reçu de l'Ecole des Beaux-Arts 189 50

Mai.
- 1 à 4. Reçu de l'Ecole des Beaux-Arts 189 50
- 7. Reçu de M. le comte Molé pour son portrait . . . . . 10.000 »

Juin.
- 13. Reçu de l'Ecole des Beaux-Arts 196 50

Juillet.
- 7. Reçu de l'Ecole des Beaux-Arts . . . . 186 »
- 22. Reçu de la liste civile le 1er acompte pour les travaux de Versailles, *la Smalah* . . . . 20.000 »

Septembre.
- 11. Reçu pour la permission de graver la *Smalah* . . . . . 1.000 »
- 1 à 20. Reçu de l'Ecole des Beaux-Arts, 2 mois 382 50

Octobre.
- 1 à 11. Reçu du ministère de l'Intérieur pour les travaux de la Chambre des députés. . . . . 16.000 »
- Reçu de l'Ecole des Beaux-Arts pour septembre . . . 196 50

Novembre.
- 1 à 20. Reçu de l'Ecole des Beaux-Arts pour octobre . . . . . 186 »

Décembre.
- 1 à 20. Reçu de l'Ecole des Beaux-Arts pour novembre . . . . 193 »
- Horace a reçu 12 mois de l'Institut . . . . 1.200 »
- Total de la recette de 1844 . . . . 61.189 50

Récapitulation des recettes de 1835 à 1844 (soit 10 années séjour à Paris).

1835.	62.265 50
1836.	53.227 95
1837.	42.898 40
1838.	69.049 75
1839.	78.604 05
A reporter.	306.045 65

Report.	306.045 65
1840.	69.795 40
1841.	63.266 »
1842.	97.872 40
1843.	53.853 75
1844.	61.189 50
De 1835 à 1844, 10 années	652.022 70
De 1811 à 1820, 10 années	150.408 10
De 1821 à 1828, 8 années.	420.518 50
De 1829 à 1834, 6 années (séjour à Rome).	272.907 30
Le 1ᵉʳ décembre 1843, oublié d'insérer une permission de graver la *Caravane dans le désert*	1.500 »

1845

Janvier.

    1 à 8. Reçu de l'Ecole des Beaux-Arts. 196 50

    1 à 31. Reçu de la liste civile le deuxième acompte pour les travaux de Versailles, *la Smalah*. . . . . 30.000 »

Février.

    6. Reçu de l'Ecole des Beaux-Arts. . . . . 193 »

    Reçu de ma fille un trimestre pour l'intérêt de 140.000 fr. 1.750 »

Mars.

    8. Reçu de l'Ecole des Beaux-Arts. . . . . 193 »

Avril.

    12. Reçu un mois de l'Institut pour Horace . . . . 100 »

    — de l'Ecole des Beaux-Arts. . . . . 186 »

    — de ma fille le deuxième trimestre pour l'intérêt de 140.000 francs. . . . . 1.750 »

Mai.

    10. Reçu un mois de l'Institut pour Horace. . . . . 100 »

    De l'Ecole des Beaux-Arts 187 50

    Reçu pour intérêts de 6.000 francs placés au Mont-de-piété. . . . . 180 »

Juin.

    14. Reçu de l'Ecole des Beaux-Arts 196 50

Juillet.

    5. Reçu de l'Ecole des Beaux-Arts. . . . . 186 »

Août.

    20. Reçu de l'Ecole des Beaux-Arts. . . . . 193 »

Septembre.
 4. Reçu de M. Jeannin pour permission de graver le tableau de la *Bataille de Fontenoy*, acompte . . . . 2.000 »
 12. Reçu de la liste civile premier, acompte sur les travaux de Versailles de la salle dite du Maroc . . . . . 25.000 »
 15. Reçu de l'Ecole des Beaux-Arts. 189 50
 17. Reçu de M. le comte de Bobrinski pour un tableau représentant la Famille impériale russe . . . . 10.000 »

Octobre.
 1 à 7. Reçu de l'Ecole des Beaux-Arts. . . . . 193 »

Novembre.
 17. Reçu de l'Ecole des Beaux-Arts. 189 50
 Horace a reçu 10 mois de l'Institut . . . . 1.000 »
 Plus, reçu en octobre de ma fille le troisième trimestre pour l'intérêt de 140.000 francs. . . . . 1.750 »
   Total de la recette pour l'année 1845. . . . . . . 85.735 30

1846

Janvier.
 1 à 4. Reçu deux mois de l'Ecole des Beaux-Arts, novembre et décembre de l'année 1845 . . . . 386 »
 1 à 27. Reçu de M. Delaroche, quatrième trimestre d'intérêts de 140.000 francs . . . . 1.750 »

Février.
 14. Reçu de l'Ecole des Beaux-Arts 196 50
 28. Reçu de M. Jeannin pour bénéfice de ventes de gravures et 200 francs pour solde du *Carrousel*. . . . 862 »

Mars.
 6. Reçu de l'Ecole des Beaux-Arts . . . . 193 »
 28. Reçu de la liste civile, deuxième acompte sur les travaux pour Versailles de la salle dite du Maroc . . . . 25.000 »

Avril.
 1 à 4. Reçu de l'Ecole des Beaux-Arts. . . . . 186 »
 25. Reçu de M. Delaroche le premier trimestre de l'année 1846 des intérêts de 140.000 francs . . . . 1.750 »

Mai.
 1 à 5. Reçu de l'Ecole des Beaux-Arts. . . . . 186 »
 11. Reçu de M. Tiron les intérêts de 5.000 francs. 213 20
 1 à 15. Reçu les intérêts de 6.000 francs placés au Mont-de-piété . . . . 180 »

Juin..
- 1 à 10. Reçu de M. Boisricheux pour le loyer de la maison . . .   600 »
- 12. Reçu de M. Jeannin pour permission de graver le portrait du jeune Pigache. . . . .   1.000 »
- 13. Reçu le mois de l'Ecole des Beaux-Arts . . . .   193 »

Juillet.
- 11. Reçu pour permission de graver la *Judith* par M. Jazet.   2.000 »

Août.
- 11. Reçu deux mois de l'Ecole des Beaux-Arts. . . . . . .   386 »
- 4. Reçu de M. Jeannin pour un petit tableau représentant une *Mère arabe*. . . . .   5.000 »
- Reçu du même pour la permission de graver ce tableau.   1.000 »
- 6. Reçu de M. Delaroche le deuxième trimestre des intérêts de 140.000 francs pour l'année 1846. . . . .   1.750 »

Septembre.
- 1 à 3. Reçu de l'Ecole des Beaux-Arts. . . . .   186 »

Octobre.
- 1 à 10. Reçu de l'Ecole des Beaux-Arts. 196 50
- 22. Reçu de M. Delaroche le troisième trimestre des intérêts de 140.000 francs pour l'année 1846. . . . .   1.750 »

Novembre.
- 1 à 7. Reçu de l'Ecole des Beaux-Arts. . . . .   186 »

Décembre.
- 1 à 5. Reçu de l'Ecole des Beaux-Arts. 189 50
- Plus, Horace a reçu 12 mois de traitement de l'Institut. . . . .   1.200 »

Total de la recette de 1846. . . . .   46.539 70

Plus, il a été payé par le banquier pour intérêts à 3 p. 100 des sommes déposées chez lui pendant l'année, compris ceux de deux obligations piémontaises dont une appartient à mon frère Jamville pour argent déposé, la somme de . . . . 268.60. . . }
Pour obligation de Piémont . . . . 78.50. . . }   347 10

Total général de la recette 1846. . . . .   46.886 80

1847

Janvier.
- 9. Reçu de l'Ecole des Beaux-Arts. 196 50
- 23. Reçu de M. Delaroche le quatrième trimestre de l'année 1846, intérêt de la somme de 140.000 francs. .   1.750 »

APPENDICE 229

Février.
    3. Reçu de l'Ecole des Beaux-Arts. . . . .   193 »
Mars.
    3. Reçu de l'Ecole des Beaux-Arts. 189 50
Avril.
    1 à 3. Reçu de M. Tiron, d'Alger, les intérêts de 5.000 francs
        pour 1846. . . . .   250 »
    8. Reçu de l'Ecole des Beaux-Arts. . . . .   186 »
Mai.
    3. Reçu de l'Ecole des Beaux-Arts. 189 50
    24. Reçu de M. de Boisricheux pour le loyer de la petite
        maison . . . .   700 »
Juin.
    5. Reçu de l'Ecole des Beaux-Arts. . . . .   193 »
    21. Reçu de la maison du Roi pour le portrait de Sa Majesté
        et des Princes, ses fils. . . . .   25.000 »
Juillet.
    3. Reçu de l'Ecole des Beaux-Arts . . . .   186 »
    18. Reçu de M. Durand Ruel pour le prix d'un tableau
        représentant une razzia. *Une brebis allaitant un
        enfant.* . . . .   6.000 »
Avril.
    17. Oublié d'inscrire : reçu de M. Delaroche le 1er trimestre
        des intérêts de 140.000 francs pour l'année 1847 . . .   1.750 »
Août.
    7. Reçu de M. Delaroche le deuxième trimestre. . . . . .   1.750 »
    10. Reçu de l'Ecole des Beaux-Arts. . . . .   193 »
    17. Reçu de MM. Jeannin et Delarié, éditeurs, pour permission de graver la *Cuisine militaire*. . . . .   1.000 »
    Reçu de MM. Jeannin et Delarié pour permission de
        graver l'*Enfant adopté*. . . . .   1.000 »
Septembre.
    1 à 8. Reçu de l'Ecole des Beaux-Arts. 189 50
    11. Reçu du Ministère des travaux publics pour solde
        de la décoration de la salle de la Chambre des
        Députés. . . . .   16.000 »
Octobre.
    6. Reçu de l'Ecole des Beaux-Arts. . . . .   193 »
    16. Reçu de M. Delaroche le troisième trimestre de l'année 1847, intérêts de 140.000 francs. . . . .   1.750 »

Novembre.
 10. Reçu de l'Ecole des Beaux-Arts 189 50
Décembre.
 1ᵉʳ. Reçu de l'Ecole des Beaux-Arts . . . .   193 »
  Plus Horace a reçu 12 mois de l'Institut . . . .   1.200 »
  Intérêts de l'argent déposé chez le banquier 338 70
  Intérêts d'une obligation piémontaise 39 80
   Total de la recette de 1847 . . . .   60.820 »

1848

Janvier.
 5. Reçu de l'Ecole des Beaux-Arts. 196 50
 15. Reçu de M. Delaroche le quatrième trimestre de l'année 1847, intérêts de la somme de 140.000 francs.   1.750 »
Février.
 2. Reçu de l'Ecole des Beaux-Arts. . . . .   93 »
 9. Reçu de Mᵐᵉ de Waldembourg pour un tableau représentant *Judith* (vendu à Bulier). . . . .   10.000 »
  Plus pour remboursement des frais . . . .   72 »
Mars.
 3. Reçu de l'Ecole des Beaux-Arts . . . .   186 »
Avril.
 2. Reçu de l'Ecole. . . . .   200 »
 16. Reçu de M. P. Delaroche un acompte sur le premier trimestre de l'année 1848. . . . .   400 »
Mai.
 1. Reçu de M. P. Delaroche le complément du premier trimestre de l'année 1848, intérêts de 140.000 francs   1.350 »
 5. Reçu de M. Giroux pour acompte sur le *Samaritain*. .   1.000 »
 11. Reçu de l'Ecole 164 70
Juin.
 8. Reçu de l'Ecole. 188 50
Juillet.
 8. Reçu de l'Ecole. 181 50
 22. Reçu de M. Jules Delaroche pour le compte de son frère le deuxième trimestre de l'année 1848 pour les intérêts de la somme de 140.000 francs. . . . . . .   1.750 »
Août.
 5. Reçu de l'Ecole des Beaux-Arts. . . . .   185 »

Septembre.
  4. Reçu de l'Ecole des Beaux-Arts. . . . .   178 »
Octobre.
  7. Reçu de l'Ecole des Beaux-Arts. . . . .   185 »
  Reçu de M. Giroux acompte sur le *Samaritain*. . . . . 2.000 »
Novembre.
  14. Reçu de M. Delaroche pour le troisième trimestre de la rente de la somme de 140.000 francs. . . . . 1.750 »
                  21.830 20
  Plus Horace a reçu 12 mois du traitement de l'Institut. . . . . 1.200 »
  Intérêts d'une obligation piémontaise 38 80
  Intérêts à 3 p. 100 de l'argent chez le banquier 94 35
    Total de la recette de 1848. . . . . 23.163 55

1849

Janvier.
  6. Reçu de Giroux acompte sur le *Samaritain*. . . . . . . 3.000 »
Février.
  21. Reçu de M. Delaroche le dernier trimestre pour l'année 1848 des intérêts de la somme de 140.000 fr. 1.750 »
Mars.
  3. Reçu de l'Ecole des Beaux-Arts les mois de janvier et février 1849 . . . .   382 50
  17. Reçu de l'Ecole des Beaux-Arts pour les mois de novembre et décembre 1848. . . . .   294 50
  21. Reçu de M. Giroux acompte sur le *Samaritain*. . . . . 1.000 »
  24. Reçu de M. Giroux pour complément de 8.000 francs, prix du tableau *le Bon Samaritain*. . . . . 1.000 »
Mai.
  Reçu en Afrique de M. Leroy, notaire, les revenus de la terre de Ben-Koula. . . . . 2.500 »
  Reçu de M. Delaroche le premier trimestre des intérêts de 140.000 francs pour l'année 1849. . . . . . 1.750 »
Juin.
  Reçu de la liste civile premier acompte sur ce qui restait dû à Horace sur les travaux faits. . . . . 9.500 »
  Reçu de l'Ecole des Beaux-Arts pour mars, avril et mai. . . . .   573 »

Juillet.
- 9. Reçu de l'Ecole des Beaux-Arts pour juin. . . . . 193 »
- 13. Reçu de M. Goupil, premier acompte sur le tableau représentant le général Bonaparte . . . . 3.000 »
- 20. Reçu le deuxième trimestre des intérêts de 140.000 fr. par les mains de M. Jules Delaroche pour l'année 1849 . . . . 1.750 »

Août.
- 2. Reçu de l'Ecole des Beaux-Arts pour juillet. 196 50

Septembre.
- 8. Reçu de l'Ecole des Beaux-Arts. 189 50

Octobre.
- 3. Reçu de l'École des Beaux-Arts . . . . 193 »
- 9. Reçu de la liste civile le deuxième acompte de ce qui restait dû à M. Vernet sur les travaux faits . . . . . 9.500 »
- 13. Reçu de M. l'Empereur de Russie pour le tableau représentant la prise de Wota. . . . . 99.000 »
- 21. Reçu le troisième trimestre des intérêts de 140.000 fr. pour l'année 1849 par les mains de M. Jules Delaroche. . . . . 1.750 »

Novembre.
- 3. Reçu de l'Ecole des Beaux-Arts. 189 50

Décembre.
- 15. Reçu de l'Ecole des Beaux-Arts 196 50

                 Total de la recette de 1849 . . . . 137.908 »
Plus Horace a reçu 12 mois du traitement de l'Institut. . . . . 1.200 »
Intérêts d'une obligation piémontaise. 38 20

                 Total général de la recette de 1849 . . . . 139.146 20

Sur cette somme 105.549 francs 35 ont été employés à l'achat de 6.000 francs de rente le 18 octobre 1849.

1850

Janvier.
- 5. Reçu de l'Ecole des Beaux-Arts le mois de décembre 1849. . . . . 193 »
- 8. Reçu de M. Goupil le complément du payement du tableau représentant le général Bonaparte visitant un champ de bataille en Italie. . . . . 5.000 »

APPENDICE 233

Février.
    1 à 2. Reçu le mois de janvier de l'École des Beaux-Arts . . 193 »

Mars.
    14. Reçu de M. Delaroche pour les intérêts de 140.000 fr. le quatrième trimestre pour l'année 1849 (par les mains de M. d'Eichtal). . . . . 1.750 »
    2. Reçu de l'Ecole des Beaux-Arts le mois de février. . . 186 »

Avril.
    2. Reçu de l'École des Beaux-Arts le mois de mars . . . . 186 »
    20. Reçu de M. Eichtal les intérêts de 140.000 francs le premier trimestre pour l'année 1850. . . . . 1.750 »

Mai.
    7. Reçu de l'Ecole des Beaux-Arts . . . . 186 »

Juin.
    3. Reçu de l'Ecole des Beaux-Arts. 196 50
    20. Reçu de la liste civile le solde de ce qui restait dû sur les travaux faits par M. Vernet. . . . . 28.700 »
    Sur cette somme de 28.700 francs, 20.000 francs ont été employés pour l'achat de vingt obligations de la Liste civile.

Juillet.
    1 à 2. Reçu de l'Ecole des Beaux-Arts. 189 50
    24. Reçu de M. Delaroche le deuxième trimestre des intérêts de 140.000 francs pour l'année 1850. . . . . . . 1.750 »

Août.
    1. Reçu de l'Ecole des Beaux-Arts. 196 50
    16. Reçu de la liste civile pour les intérêts . . . . 3.200 »

Septembre.
    3. Reçu de l'Ecole des Beaux-Arts. . . . . 186 »

Octobre.
    6. Reçu de l'Ecole des Beaux-Arts 196 50
    Reçu de M. d'Eichtal les intérêts de 140.000 francs, troisième trimestre pour l'année 1850. . . . . 1.750 »
    13. Reçu de M. Goupil pour permission de graver *le Président*. . . . . 2.000 »

Novembre.
    2. Reçu de l'Ecole des Beaux-Arts. 189 50

Décembre.
    1. Reçu de l'École des Beaux-Arts. 189 50

21. Reçu le paiement du portrait du Président de la
République. . . . . 15.000 »
Sur cette somme de 15.000 francs, 10.000 francs ont
été remis par moi à M. Vernet, qui en a fait emploi
comme il l'a entendu.

Signé : H. V.

                                                                           63.188 »

Plus Horace a reçu le traitement de l'Institut. . . . . 1.200 »
M. Marcuard a touché pour M. Vernet :
1° Le 31 mars premier semestre de 6.000 francs de
rente 5 p. 100. 2.985 »
2° Le 30 septembre, deuxième semestre de la même
rente. . . . . 2.985 »
3° Intérêts pour un semestre d'une obligation du
Piémont. 36 50
4° Intérêts de vingt obligations de la Liste civile. . . . 497 50
Total de la recette de 1850. . . . . 70.892 »

1851

Janvier.

7. Reçu le mois de décembre, traitement de professeur à
l'école des Beaux-Arts. . . . . 186 »
Reçu le quatrième trimestre de la rente de 140.000 fr.
pour l'année 1850 (chez M. d'Eichtal). . . . . 1.750 »

Février.

1. Reçu le mois de janvier École des Beaux-Arts. . . . . 193 »
14. Reçu les intérêts de deux actions des Courses de
Versailles. . . . . 70 »

Mars.

13. Reçu le mois de février. Ecole des Beaux-Arts. . . . . 186 »

Avril.

6. Reçu le mois de mars. Ecole des Beaux-Arts. . . . . . 186 »
7. Reçu le premier trimestre de la rente de 140.000 francs
pour l'année 1851 (chez M. d'Eichtal). . . . . 1.750 »

Mai.

3. Reçu de l'Ecole des Beaux-Arts le mois d'avril. 189 50

Juillet.

11. Reçu le deuxième trimestre de la rente de 140.000 fr.
pour l'année 1851. . . . . 1.750 »

Septembre.
 5. Pris par Mme Vernet chez M. Marcuard provenant de la rente 5 p. 100. . . . .   500 »
Octobre.
 1. Reçu le troisième trimestre de la rente de 140.000 fr. pour l'année 1851. . . . .   1.750 »
 15. Reçu le loyer de la nouvelle maison 108 25
 25. Pris par Mme Vernet chez M. Marcuard provenant de la rente 5 p. 100 . . . .   1.000 »
Novembre.
 20. Pris par Mme Vernet chez M. Marcuard provenant de la rente 5 p. 100. . . . .   1.000 »
 Reçu le 1er février 1851 chez M. Marcuard provenant de la rente de 5 p. 100. . . . .   2.000 »

Je n'ai pas intérêt.

 Reçu en mars provenant de la rente de l'État . . . . .   2.000 »
Septembre.
 3. Pris chez M. Marcuard provenant de la rente sur la Liste civile . . . .   500 »
 22. Reçu de M. Vernet, loyer de la nouvelle maison. . . .   17 50
                   15.136 25

Plus M. Vernet a reçu :
1° Le traitement de l'Institut . . . .   1.200 »
2° 7 mois de traitement de professeur . . . .   1.375 »
3° Remboursement de la terre de Ben-Koula . . . . .   2.500 »
4° Un petit tableau vendu à M. Dumidoff représentant le Choléra.
5° Un tableau vendu à M. Goupil, représentant une ballade de Chabot (*les Adieux*).
6° Un acompte du tableau de la *Prise de Rome*.
7° Un petit tableau sujet d'Afrique (replique), *Une brebis allaitant un enfant.*

1852

Janvier.
 3. Reçu chez M. d'Eichtal le quatrième trimestre de la rente de 140.000 francs pour 1851 . . . .   1.750 »
 7. Reçu les loyers de la nouvelle maison 45 75
Février.
 7. Pris chez M. Marcuard, banquier, sur nos revenus . . .   1.200 »

236 LES VERNET

Mars.
 4. Pris chez M. Marcuard, banquier, sur nos revenus . . . 1.500 »
Avril.
 1. Reçu de M. d'Eichtal le premier trimestre de la rente
  de 140.000 francs pour l'année 1851. . . . . 1.750 »
Mai.
 18. Pris chez M. Marcuard, banquier, sur nos revenus . . 1.000 »

Mme PÉLISSE (par Horace Vernet).

LETTRES ÉCHANGÉES EN 1856
ENTRE NAPOLÉON III ET HORACE VERNET

AU SUJET DE LA PEINTURE DE LA *PRISE DE MALAKOFF*

Biarritz, 26 août 1856.

Mon cher monsieur Horace Vernet,

La prise de Malakoff étant le fait capital de la campagne d'Orient, je vous en ai demandé le tableau comme à l'artiste le plus capable de la reproduire dignement. De son côté le ministre a confié le même sujet à M. Yvon. Sans doute je ne serais pas fâché de voir ce peintre le représenter aussi. Mais si par un motif quelconque vous pouviez tenir à vous en occuper seul, la préférence vous est justement acquise. Je la maintiens, et au besoin je ferai charger M. Yvon de tout autre tableau.

Croyez à tous mes sentiments.

NAPOLÉON.

Sire,

Je remercie Votre Majesté de ce qu'elle a daigné trancher en ma faveur la proposition qui m'avait été adressée par S. E. le ministre d'État. Je vais, conformément au désir qu'elle m'exprime, reprendre mes travaux pour l'exécution du tableau de la *Prise de Malakoff*.

C'est un duel, Sire, je ne me le dissimule pas, entre M. Yvon et moi, puisque son tableau et le mien représentent le même sujet, et qu'ils sont destinés à décorer la même salle. Ce contact ne peut être considéré autrement, mais mon âge me donne le droit de ne pas m'en préoccuper.

Si j'acceptais l'offre que daigne me faire Votre Majesté de priver un homme de talent, jeune et plein d'ardeur, d'une belle occasion de se montrer digne du choix de M. le ministre, ce serait un procédé inqualifiable de la part d'un vétéran de l'art qui doit à son tour aux jeunes artistes l'appui qu'il reçut lui-même de ses maîtres au début de sa carrière.

Je suis, etc.

Horace Vernet.

30 août 1856.

Tête de cheval (par Carle Vernet).

TABLE DES MATIÈRES

Avant-propos. . . . . ɪ
Joseph Vernet 1
Carle Vernet. 59
Horace Vernet 107
Appendice. 183

LA MARCHANDE D'EAU-DE-VIE (par Carle Vernet).
(D'après la gravure de Debucourt.)

www.ingramcontent.com/pod-product-compliance
Lightning Source LLC
Chambersburg PA
CBHW050333170426
43200CB00009BA/1579